KB212325

시간과 영원의 질적 차이

독자와 함께하는
천국 탐방 시리즈 5권

시간과 영원의 질적 차이

펴낸날 2022년 1월 24일
3쇄펴낸날 2023년 2월 14일

엮은이   이요한
펴낸이   이기성
편집팀장   이윤숙
기획편집   윤가영, 이지희, 서해주
표지디자인 윤가영
책임마케팅 강보현, 김성욱
펴낸곳   도서출판 생각나눔
출판등록   제 2018-000288호
주   소   서울 잔다리로7안길 22, 태성빌딩 3층
전   화   02-325-5100
팩   스   02-325-5101
홈페이지   www.생각나눔.kr
이메일   bookmain@think-book.com

• 책값은 표지 뒷면에 표기되어 있습니다.
 ISBN 979-11-7048-351-9(04230)

 SET ISBN 979-11-7048-256-7 (04230)

시간과 영원의 질적 차이

이요한 편저

생각나눔

목차

서문

✎ 시중에는 천국, 지옥에 관한 책들이 수없이 많이 나와 있습니다. 아직도 더 많이 나와야 하는데 최근에 나온 책들이 별로 없어 아쉬움이 있습니다. 저는 천국과 지옥에 관한 책들이 많이 나올수록 좋다고 생각하는 사람입니다. 출판사들이 이런 책을 내는 목적은 단 한 가지 이유뿐이라 여겨집니다. 천국과 지옥의 실상을 알려 모두 예수 믿고 천국 가기를 바라기 때문일 것입니다.

독자층은 믿는 신자들만을 위한 것이 아니고 믿지 않는 사람들에게 초점이 맞춰질 수밖에 없습니다. 믿음의 유무를 떠나 사후세계에 대한 관심은 모든 사람이 다 갖고 있지만 불신자들은 죽음 저편에 무엇이 기다리고 있는지 정확히 모릅니다. 삶과 죽음의 의미를 잘 모르기 때문에 죽으면 좋은 곳에 갈 것이란 막연한 기대감을 갖고 있을 뿐입니다. 숨 떨어지면 알게 될 자신의 영원한 운명을 모른 채 갑작스럽게 임종을 맞게 되는 사람들의 영혼을 불쌍히 여겨 한 사람이라도 구원해 보겠다는 출판업자들의 눈물 어린 노고와 정성에 찬사를 보냅니다.

그리고 가문의 명예가 걸려 있는 문제인데도 지옥에서 끔찍한 고통을 당하고 있는 자기 가족들의 신상을 소상히 밝힌 천국, 지옥 방문자 여러분들의 용기에 진심 어린 경의를 표합니다. 천국, 지옥에 관한 책들을 편찬한 출판업계 종사자들과 천국 방문자 여러분들에게 많은 빚을 지고 있음을 잊지 않고 있습니다.

이미 나온 책도 많은데 뭐 하러 또 이런 책을 내느냐고 묻는 분들에게 우선 본서의 성격을 말씀드려야 할 것 같습니다. 본서는 다른 책들과 다르다는 것을 말하지 않습니다. 다른 책들과 비교하여 폄하하거나 비평하지도 않습니다. 여타의 책들과 동일한 목적을 가지고 오직 영혼 구원에 초점을 맞춘 전도 책자임을 밝혀 두고 싶습니다. 그래서 천국과 지옥 정보를 제공한 모든 분들에게 고마움과 존경심을 가지고 쓴 글임을 재차 말씀드립니다.

다만 글 쓰는 방향이 조금 다를 뿐입니다. 단순한 정보 제공 책자가 아닌 종합적 분석을 통해서 천국의 실상을 파헤치고, 약간의 코멘트와 함께 저의 견해를 간략하게 밝히며 독자들과 의견 교환을 함으로써 함께 천국 탐방을 하자는 취지로 쓴 글입니다. 이런 글을 객관적으로 쓰는 데는 여러 가지 어려움이 많았는데 그 이유는 다음과 같습니다:

1. 철저히 성경적이어야 한다.
2. 모든 정보 제공자들을 편견 없이 객관적인 눈으로 볼 수 있어야 한다.
3. 신학적 이론에 밝아야 한다.
4. 천국, 지옥 이야기는 사후세계에 관한 일이므로 성경적 종

말론을 알고 있어야 한다.

5. 우리 지구가 속한 태양계를 포함한 은하계도 또 다른 고차원 세계와 연결되어 있다는 폭넓은 우주관이 요구되므로 천지 창조에 대한 과학적 지식이 필요하다.

6. 육체이탈이나 유체이탈을 통해서 영이 육을 떠나는 순간부터 수많은 위험이 도사리고 있는 영계의 실상을 알고 있어야 하므로 심령과학 분야의 상식이 있어야 한다.

7. 수많은 사람의 인생 문제를 다루기 위해서는 어느 정도의 철학적 사고가 요구된다.

그렇다고 제가 이 모든 자질을 다 갖추고 있다는 의미는 절대 아닙니다. 저도 부족한 부분이 많기 때문에 공부하고 연구해 가면서 쓴 글이라 저의 생각이나 견해가 모두 옳다는 것을 주장하는 것이 아니니 오해가 없었으면 좋겠습니다.

저는 가능한 천국, 지옥 방문자들의 글을 많이 인용하며 천국에 중점을 두고 글을 썼습니다. 개개인의 영계 체험도 중요하지만 여러 사람들의 체험담을 모아서 책을 쓴 목사님도 계셨는데 제가 이 글을 쓰는 데 많은 도움이 되었기에 그 목사님께 진심 어린 감사를 드리고 싶습니다. 그리고 모든 천국, 지옥 방문자들과 여러 출판사에서 수고하시는 여러 직원들에게도 다시 한번 감사를 드립니다.

천국의 실상을 아는 것도 중요하지만 예수님을 믿고 천국에 들어가는 것이 궁극적 목적이기 때문에 죽음과 그 이후의 문제를 천국 시리즈 곳곳에 많이 다루었습니다. 천국의 실상을 알고 나면 죽음은 전혀 두려울 것이 없다는 것을 강조했습니다. 죽음은 우리들의 영혼이 맺고 있는 또 다른 형태의 패러다임 변화에 불과합니다. 다시 말해 존재방식의 변화나 인식 대상의 변화라는 것입니다. 예수 믿는 사람은 예수님을 영접하는 순간에 영생을 얻어 시간의 영역인 사망에서 영원한 생명의 영역으로 옮겨진 상태이므로 시간과 영원이라는 두 차원의 세계를 동시에 살고 있는 사람들입니다. 그러므로 생명의 법칙에 따라 무궁한 천국을 소망하며 사는 그리스도인들에게는 불행으로서의 죽음과 고통은 존재하지 않습니다. 자신이 옷처럼 입고 있던 육체라는 껍데기를 벗어버리고 나면 존재의 본질인 영체는 죽음의 영역을 떠나 생명의 세계에서 살도록 되어 있기 때문입니다.

그러나 예수 믿지 않는 불신자에게는 죽음이 큰 문제가 됩니다. 뼈를 덮고 있는 앙상한 살가죽, 그 속에는 파멸의 씨앗이 들어 있어 늙음이 깃들고, 죽음이 자리잡고 있습니다. 이처럼 허무한 인간이 천국의 주인이신 생명의 주님을 만나지 못한 채 죽게 되면 그의 운명을 바꿀 기회가 영원히 사라지기 때문에 사후세계에 대한 준비는 목숨을 걸고 해결해야 할 중대한 문제가 아닐 수 없습니다.

사람은 언제 죽을지 모릅니다. 망설일 시간이 없습니다. 인간은 영원하신 하나님의 형상으로 만들어졌기 때문에 신자나 불신자나 죽을 수 없는 본질을 지니고 있어서 육체적 죽음 후에도 존재의 본질인 영혼이라는 영체는 생존을 계속합니다. 사람이 죽어서 갈 수 있는 곳은 천국과 지옥 두 곳밖에 없습니다. 영원(eternity)을 어디서 보낼 것인가를 결정하지 못하고 머뭇거린다면 그는 자신의 영혼을 걸고 도박하는 사람이나 다를 바 없습니다.

먼지 하나 없이 맑고 깨끗한 천국의 공기, 울창한 숲과 정원의 꽃들이 뿜어내는 형언키 어려운 향취, 생명강 좌우 강둑에서 자라는 생명나무의 꽃잎과 열매가 풍기는 향기는 천국의 대기를 신비로 가득 채우기에 모자람이 없습니다. 천국 전역에서 진동하는 향긋한 냄새 하나만으로도 천국 거주자들을 매혹시키기에 충분합니다. 천국의 대기인 하나님의 영을 호흡하며 사는 생활 환경 그 자체가 신비스러운 생명의 공간이라 할 수 있습니다.

　이처럼 황홀하고 멋진 아름다운 천국으로 우리 가족들이 하나 둘씩 옮겨지고 우리가 아는 사람 중에 천국에 가 있는 사람들이 많아질수록 천국은 우리가 가고 싶은 고향이 됩니다. 그곳은 우리들의 집이 있고, 우리가 사모하는 주님이 계시는 곳이기 때문에 예수 믿는 자들에게는 죽음이 두려움의 대상이 아닙니다. 이것은 새로운 생명 차원으로 들어가기 위한 영광의 세계를 향해 열리는 신비의 문이 될 것입니다.

　결론을 말씀드리면 죽음 없는 영원한 생명의 나라, 인간의 존엄성과 다양성이 중시되는 광활한 자유의 세계, 인류 역사상 가장 정의롭고 공정한 사회, 항상 영혼 속에 증가하는 황홀한 기쁨이 넘치는 곳, 죄와 고통, 슬픔과 눈물이 없는 평화의 나라, 숨이 넘어갈 정도로 감동적이고 흥분되는 곳, 생존 경쟁에 시달리며 삶에 지친 영혼들이 편히 쉴 수 있는 안식의 땅, 번민과 고뇌로 방황하던 자들에게 위로의 향유가 부어지는 곳, 고향 같은 집이 기다리는 아늑하고 포근한 하늘의 처소, 영원히 기쁘고, 영원히 즐겁고, 영원히 흥미진진하고, 영원히 가슴 벅차고, 영원히 박진감 넘치고, 영원히 신비롭고, 영원히 스릴 넘치고, 영원히 만족스럽고, 영원히 행복의 도가 상승하는 기막힌 세계, 노쇠나 죽음이 없는 청춘을 영원히 사는 우주 최고의 유토피아로 여러분 모두를 초대하여 공통의 관심사를 다 같이 생각하고 논의할 영적 패널 공간을 만들어 천국 탐방을 함께하려고 시도했습니다.

지옥은 한번 들어가면 탈출할 길이 없어 희망의 문이 영원히 닫힌 절망의 공간입니다. 고통의 종류도 다양하지만 그 강도가 너무나 강해 사람을 미치게 합니다. 끝없는 유황 불바다, 내려갈수록 열기는 뜨겁지만 칠흑 같은 깜깜한 어두움의 무시

무시한 공포와 외로움, 무저갱, 한 번도 꺼지지 않는 뜨거운 용광로, 악귀들의 고문, 지하감옥, 쇠창살로 굳게 닫힌 감방, 각종 벌레들과 뱀이 우글거리는 불못, 뜨겁게 달궈진 철판, 불가마 속에서 동료들이 질러대는 절규와 비명소리, 전 존재를 삼키며 관통하는 지옥 자체의 고통, 악귀들과 썩어 문드러진 회색빛 해골 속 영들이 풍기는 지독한 악취로 숨도 쉬기 어려운 곳이 지옥입니다. 형벌의 장소가 만 가지도 넘고, 1초도 고통이 멈추지 않는 지옥의 참상은 온 우주의 고통을 다 합해도 비교가 되지 않을 만큼 끔찍한 총체적 고통의 축소판입니다.

저는 천국 시리즈를 끝까지 다 읽고 나면 예수 믿지 않을 사람이 하나도 없을 것이라 확신합니다. 만일 이 책을 읽고도 죽기 전에 자신의 영원한 운명을 바꿀 황금 같은 기회를 다 놓치고 갑자기 숨이 끊어져 지옥에 떨어진다면 그는 슬피 울며 이를 갈고, 영혼을 찢어 피를 토하며, 절망의 한숨을 쏟아내게 될 것입니다. 스스로 망하는 길을 선택한 어리석음을 두고두고 곱씹으며 너무 늦었다고 후회한들 아무 소용이 없습니다.

아무쪼록 소중한 기회를 놓치고 자신의 운명을 바꾸지 못해 한탄하는 미련한 사람이 없기를 간절히 소망하며 이것으로 서문을 대신합니다.

홍제천변의 외로운 골방에서
글쓴이 이요한

1

천국으로의 여행

✎ 독자들과 함께한 천국 탐방도 이제 거의 끝날 때가 되었습니다. 그동안 우리는 천국에 대한 많은 정보를 얻어 천국의 실상을 많이 알게 되었습니다. 그러나 실제로 천국으로 가는 여행 경로에 대해서는 정확하게 잘 모르고 있습니다.

천국은 우리의 영원한 고향이요 우리의 집이 있는 곳입니다. 천국으로 가는 것은 잠시 나그네요 거류자로 떠돌던 지상의 기나긴 여정을 끝내고 집으로 돌아가는 심정이기에 가슴 설레는 일입니다. 그곳은 나의 집이기도 하지만 내 아버지의 집이기도 합니다. 누구나 천국을 사모하면 천국에 가고 싶을 텐데, 평생 예수를 믿고도 도무지 천국에 대한 관심이 없는 사람들이 너무나 많아 안타깝습니다.

저는 천국에 무관심한 사람들에게 천국에 대한 관심과 사모하는 마음을 불러일으키기 위해, 지금 이 글을 쓰고 있습니다. 천국에 대한 열정을 가진 어느 목사님이 설교 중에, "천국에 가고 싶은 사람 일어나시오" 하고 말했습니다. 다들 일어섰는데 예배 시작 전부터 졸던 장로 혼자만 일어나지 않았습니다. 교인들이 키들거리며 웃자 뒤늦게 상황을 알아차린 장로는 이를 갈았습니다. 장로가 여전히 정신을 차리지 못하자 충격요법을 한 번 더 시도해 보기로 했습니다. 이번에는 "지옥에 가고 싶은 사람 다 일어나시오" 하고 말하자 장로는 기회를 놓칠새라 벌떡 일어섰습니다. 그런데 아뿔사! 혼자만 일어선 것입니다. 주위를 둘러봐도 자기 외에 일어선 사람은 아무도 없었습니다. 장로는 무안하기도 했지만 두 번씩이나 창

피를 준 목사가 괘씸한 생각이 들어 그냥 물러설 수 없어 씩씩거리며 한다는 말이, "아니, 나 혼자만 일어서 있는 게 아니잖아!" 하고 크게 외쳤다고 합니다.

이 천국 메시지가 우리 모두에게 천국을 소망하는 계기가 되었으면 좋겠습니다. 사실 죽어서 천국으로 가는 것도 황홀하겠지만, 살아 있을 때 천국 여행을 해보는 경험은 말로 다 할 수 없는 감격입니다. 주디 프랭클린(Judy Franklin)은 천상 체험을 하게 해 달라고 30년 동안 기도했다고 합니다(천국 체험/ p. 236). 인생의 부귀영화는 잠깐입니다. 세상 영광은 들의 풀이나 꽃처럼 금방 시들어 사라집니다(시 103:15). 그래서 성도는 위에 있는 천국을 사모하고, 땅의 것에 집착해서는 안 됩니다. 이것은 우리의 생명이신 그리스도께서 영광 중에 나타나실 때, 우리도 그와 함께 영광을 누리기 위함입니다(골 3:2-4).

◈ 천국의 여행 경로

천국을 여행하는 사람들 중에는 잠시 죽었다가 갔다 오는 사람도 있고, 살아 있으면서 입신하거나 비몽사몽간에, 또는 꿈이나 환상으로, 천국을 보고 오는 이들도 있습니다. 여행 경로도 구체적으로 태양계, 은하계를 지나, 별들의 세계 너머로 가서 천국으로 가는 사람도 있지만, 천사의 이끌림을 받아 순간적으로 천국에 이른 사람들도 있습니다. 쥬디 프랭클린이 그런 사람에 속합니다. 존 번연도 찬란하게 빛나는 태양을 지나면서 주님의 위대한 작품임을 감상하지만, 그는 영광스러운 집으로 순식간에 이동한 것을 언급하고 있습니다(천국과 지옥/ 순전한나드/ p. 29).

◆ 방문자—베티 이디

병상에서 죽음을 경험한 베티 이디(Betty Eadie)는 가슴에서부터 영혼이 빠져나와 터널 경험을 한 뒤에, 터널 저편에 보이는 희미한 불빛을 향해 돌진했습니다. 그 빛 속에 누군가가 서 있는 모습을 보았는데, 그를 둘러싼 주위는 온통 빛이 발산하고 있었습니다. 그가 두 팔을 벌려 그녀를 맞이하자, 그녀는 완전한 포옹을 받고 이렇게 외쳤습니다. "저는 집에 왔습니다. 저는 집에 왔습니다. 마침내 집에 왔습니다!"

베티는 그가 누구인지 알아볼 필요도 없었습니다. 베티는 그가 자신의 친구이며, 구세주요, 그녀의 하나님임을 알았습니다. 베티는 말합니다. "그는 언제나 나를 사랑하셨던 바로 예수 그리스도였다. 그는 생명 그 자체, 사랑 그 자체였고, 그의 사랑은 내게 충만한 기쁨, 넘쳐 흐르는 기쁨을 주었다." 그리고 베티는, "세상에서의 나의 사명, 삶의 목적, 존재의미가 완성될 때, 비로서 내가 죽을 때가 올 것이다"라고 말했습니다(그 빛에 휩싸여/ p. 110).

◆ 방문자─세네카 소디

소디는 하나님의 거룩한 목적에 따라 천사가 타고 온 수레를 보고, 그의 잠든 육체와, 그의 옛집과, 그의 두 하인들에게 작별을 고하고 천사의 수레에 탔습니다. 순식간에 수레는 신속하고 소리 없는 빠른 속도로 위를 향해 비행했습니다. 수레 밖을 내다보니, 세상은 도시들과 마을과 산들과 함께 반점처럼 멀리 사라졌습니다. 별들이 여기저기 보였을 때 태양계를 넘어가지 못한 것을 알고 천국이 어디 있느냐고 천사에게 묻자, 천사는 천국이 멀지 않았다며 지구는 인간들의 첫 거주지이고, 하늘의 집은 성도들의 미래요, 영원한 거처요, 참된 집이라고 말했습니다.

잠시 후 지구의 해질녘과 비슷한 빛난 구름의 영역에 들어서자 수레가 속력을 늦추기에, 여기가 어디냐고 묻자 낙원의 입구 가까이 왔다고 대답했습니다. 소디는 새 예루살렘성으로 들어가지 않고, 성밖 낙원 지역에 도착한 것이었습니다(엘우드 스코트/ 파라다이스 방문기/ 보이스사/ p. 30-33).

소디의 경우는 천국 여행에 상당한 시간이 걸린 것으로 나타나 있으나, 천국 여행이 반드시 시간이 걸리는 것은 아닙니다.

◆ 방문자—찰스 프랜시스 헌터(Charles Frances Hunter)

헌터는 1977년 10시 30분경, 서재에서 묵상 중 갑자기, "우주의 비밀이 보관되어 있는 보좌실로 가라"는 음성을 듣고, 순간적으로 보좌에 갔다고 증언했습니다(Angels/ p. 51).

◆ 방문자─박영문 장로

　조폭 출신인 박영문은 교도소 생활을 할 때, 아내가 한 번도 면회를 오지 않은 것에 앙심을 품고, 처가집 식구 8명을 다 죽이기로 결심했습니다. 그는 서울로 가는 차표를 사놓고, 시간이 좀 남아 엎드려 담배를 피우고 있었습니다. 바로 그때 "여봐라! 여봐라!" 하는 우렁찬 소리가 들렸습니다. 평생 처음 들어보는 소리라 의아해서 담뱃불을 끄고 대문 밖에 나가 찾아보았으나 아무도 없었습니다. 다시 방으로 들어와 피다 남은 담배를 손에 쥐고 성냥불을 막 켜려는 순간, 방안이 환해졌습니다. 갑자기 대낮처럼 밝아지더니 창호지 문으로 일곱 빛깔의 무지개가 쫙 내리깔리는 것이었습니다.

　넋을 잃고 바라보니 하얀 옷을 입은 사람 모양의 한 형상이 내려오는데 그는 빛 자체였습니다. 그리고 사각으로 된 마차가 따라 내려왔습니다. 그 마차에는 의자 세 개가 있었으며, 가운데는 비어 있고, 양쪽 가에는 하얀 옷을 입은 두 사람이 앉아 있었습니다. 마차는 작은 보석들이 박혀 번쩍거리고 있었습니다. 옆에서 주무시는 어머니를 깨워서 보라고 했지만 어머니는 아무것도 안 보인다며, 쓸데없는 소리 말고 잠이나 자라고 했습니다. 그가 다시 쳐다보니 마차 가운데 의자에 자기와 똑같은 옷을 입은 사람이 앉으면서 고개를 돌리는데, 그게 바로 자기였습니다. 그는 놀라 자기 몸을 만져보았습니다. 자기는 분명히 방에 있었지만, 또 다른 자기가 황금빛 의자에 앉아 있는 것이었습니다. 불신자가 이 상황을 이해하기는 어려웠을 것으로 보입니다.

그가 마차에 앉자 마차가 출발하기 시작했습니다. 사람 형상으로 된 불빛이 마차를 인도하고 그 뒤를 그가 탄 마차가 따라갔습니다. 무슨 영문인지도 모른 채 얼마 동안 갔을 때 은은하게 울려퍼지는 음악 소리가 들리고, 황금 빛 도로가 보였습니다(두고 보리라/ 日新出版/ p. 31-35).

박영문 장로의 천국 여행은 좀 특별한 경우인 것 같습니다. 천국 가는 경로가 없을 리 없겠지만, 그 과정을 파악하지 못할 정도로 마차가 엄청나게 빠르게 천국까지 갔다고 할 수 있습니다. 그리고 그 마차는 천국 구경을 할 때는 아주 느리게 천천히 움직였다고 합니다.

◆ 방문자—박용규 목사

　신학박사인 박 목사의 천국 여행도 박영문 장로 못지 않게 특이합니다. 그는 혈압으로 쓰러져 말도 제대로 못하고 수족이 마비되어 가는 상황에서, 입원한 지 8일째와 9일째에 하나님의 음성을 듣는데, 그가 교회 옮긴 죄를 책망했습니다. 그때가 1987년 12월 27일과 28일이었습니다. 그 해 12월 30일 10시경에 박 목사가 자고 있을 때 꿈에 두 천사가 찾아왔습니다. "땅의 사람 박용규 목사야! 깊은 잠에서 깨어 일어나라"며 두 천사가 자기들을 소개했습니다. 오른편에 선 천사는 예수님 곁에서 심부름하는 천사라며, 예수님으로부터 박용규 목사를 빨리 데려오라는 지시를 받았다고 했습니다. 그리고 왼편에 선 천사는, 박 목사가 태어날 때부터 지금까지 그를 지키는 천사라고 말했습니다. 그러니까 그의 수호천사인 셈입니다.

　천사는 이제부터 뒤는 돌아보지 말고 앞만 보고 따라오라고 하더니, 두 천사가 손을 내밀어 그의 팔목을 하나씩 잡았습니다. 그러자 그의 몸이 붕 떠서 갑자기 하늘 높이 올라갔습니다. 얼마나 빨리 올라가는지 그 속도를 가늠하기 어려웠습니다. 지구가 축구공처럼 작게 보이는데도 2분 정도 올라간 것 같았습니다. 이때 폭 1m 정도의 노란 황금길이 일직선처럼 곧게 뻗어 있는 것이 보였고, 천사들은 그를 그 길 위에 올려놓았습니다. 그의 발을 황금길 위에 올려놓자마자, 빠르게 움직이기 시작했습니다. 길 좌우에는 무수한 별들이 보였습니다. 황금길 위에선 몸은 움직이지 않는 것 같은데 천국을 향하여 앞으로 빠르게 나아가고 있었습니다.

오른편 천사가 말했습니다. "땅의 사람 박용규 목사! 당신은 지금 천국으로 가는 중이다. 천국 가는 길은 성도들이 땅에서 예수 믿다가 죽을 때, 영체로 구원받은 성도로 변하여 천국에 살려고 간다. 이 길 외에는 가는 길이 전혀 없다. 이 길은 지구 북극 위에서부터 출발하여 천국까지 열려 있으며, 구원받은 성도의 영혼의 눈에만 보이는 길이다."

천사는 천국까지 하룻길이라고도 말했습니다. 박 목사가 천사에게 저 많은 별들 중 천국이 어느 지점에 있느냐고 묻자, 천사는 은하수 건너편으로 가야 하는데 그곳은 상상도 할 수 없는 먼 길이라고 했습니다(Ibid., p. 68). 두 천사는 좌우에서 황금길을 밟지 않고 허공에서 움직였습니다.

황금길 위에는 앞에 가는 사람들도 있었습니다. 그들은 살아서 천국 구경하러 가는 사람들이 아니고 죽어서 천국에 살려고 가는 사람들이라고 천사가 말해 주었습니다. 하룻길을 왔다는 천사가 말했습니다. "눈을 뜨고 고개를 들어 저 멀리 보이는 큰 별을 보라. 저기 보이는 큰 별이 우리가 지금 가는 천국이다" 하고 말했습니다(p. 69).

천국은 지구보다 100배는 큰 것처럼 보였다고 합니다. 그렇게 해서 박용규 목사는 천국의 남쪽 문으로 들어가 주님을 만났습니다.

천국의 여행 경로는 천국의 위치와 관계가 있습니다. 천국이 우주 안에 있다, 없다는 관념의 차이고, 대개 지구 대기권을 지나고, 우리 태양계와 은하계를 지나는 것까지는 일치합니다. 메리 백스터는 대기권을 벗어나고, 태양계를 지나, 은하계를 통과한 그 위에 천국이 있었다고 했고, 세네카 소디는 천국이 태양계에서 멀지 않다고 했으며, 홍현일은 지구를 벗어나 태양계, 은하계, 별들을 지나서 빠른 속도로 날아가니 천국이 있었다고 말했습니다. 케빈 바스코니는 대기권, 행성들, 별들을 통과하여 터널을 빠른 속도로 여행하여 밖으로 나오니 거기가 천국이었다고 했습니다. 로버트 햄은 워낙 빠른 속도로 우주 여행을 하기 때문에 우주 공간 자체가 터널로 보이는 것이라고 말했습니다.

◆ 종합적인 결론:

이상 여러 사람의 견해를 종합해 보면 천국이 태양계 또는 은하계 너머에 있다는 것은 천국이 태양계가 속한 우리 은하계 안에 있다는 뜻이 아니라, 그보다 훨씬 더 먼 심우주, 즉 인간의 관측 범위 밖에 있는 별이라고 볼 수 있습니다. 다만 태양계나 은하계에서부터는 인간의 눈에는 보이지 않는 초고속의 어떤 길이 천국까지 연결되어 있다고 결론을 내릴 수 있습니다.

이것이 우주 공간으로 열려진 길이지만 그 속도가 워낙 빨라 어두운 터널로 느껴지고, 그 터널을 지나니 빛의 세계가 있었다는 것은 많은 임사체험자들의 터널 경험과도 관련이 있습니다. 과학자들에 의하면 우주의 북쪽은 별이 거의 없는 보이드(void) 지역이 있다고 합니다. 은하계 너머에 나 있는 천국 가는 길! 그 길은 생각의 속도로 우주여행을 가능하게 하는 웜홀(worm hole)과 같은 것일 수도 있겠다는 생각이 드네요.

그러니까 천국 여행은 사람에 따라 시간이 제법 걸리기도 하고, 생각의 속도로 순식간에 이루어지기도 한다고 볼 수 있습니다.

2

떠날 준비를 하라

    ✎ 사람이 한 번 죽는 것은 정해진 이치요 자연의 섭리지만, 죽은 후에는 심판이 있습니다(히 9:27). 한 번 죽는 것은 다 같은데 죽음의 질이 다르다는 것입니다. 예수 믿는 사람들을 잡아다가 공개 처형하는 북한에서 성도들은 '죽으면 죽으리라'는 일사 각오로 예수를 믿습니다. 그들에게는 죽음의 공포를 이기는 특별한 비법이 있다고 하는데, "우리는

죽어 천국에 갈 수 있는 본질이 다른 사람"이라는 인생 철학이 바로 그것이라고 합니다. 이 말을 좀 더 풀어서 해석해 보면 이렇습니다:

"어차피 사람은 다 죽는다. 우리도 죽고, 너희도 죽는다. 다만 우리가 예수 믿은 죄로 먼저 죽는 것뿐이다. 그러나 죽음이라고 해서 다 같은 것이 아니다. 죽음의 질이 다르다. 예수 믿는 사람의 운명과 예수 믿지 않는 사람의 운명은 하늘과 땅 차이만큼 크다. 우리는 항상 천국 갈 준비가 되어 있으니, 언제 죽어도 좋은 사람들이다. 우리는 죽는 순간 죽음도, 눈물도, 슬픔도 없는 저 영화롭고 아름다운 천국에 가지만, 예수 믿지 않는 너희는 죽음과 동시에 영원한 멸망이 기다리는 끔찍한 고통의 장소인 지옥으로 떨어진다. 그러니 우리는 너희와는 본질이 다른 사람들이다!"

천국 갈 준비가 되어 있는 사람은 어떤 상황에 처해도 걱정할 일이 없습니다. 떠날 준비가 되어 있는 사람이 세상에서 제일 행복한 사람입니다. 믿는 사람과 믿지 않는 사람은 인생

철학이 다르고 가치 기준이 다르기 때문에 지향하는 목표가 다릅니다. 그래서 하늘의 사람과 땅의 사람은 인생의 궁극적 관점에서 사는 방식이 다를 수밖에 없습니다. 믿는 사람은 인간의 본질인 영혼은 '영체'라는 또 다른 몸으로 육체가 죽은 후에도 생존을 계속한다고 믿기 때문에 항상 관심의 초점이 이 세상이 아닌 천국에 맞춰져 있습니다.

□ 지옥이 없다는 사람들의 고민

사람이 영원을 어디서 보낼 것인가 하는 문제는 대단히 중요합니다. 지옥을 부정하는 사람에게 지옥 자체가 존재하지 않는다면 얼마나 좋겠습니까? 그러나 사실이 그렇지 않다는 데 고민이 있습니다. 만일 지옥이 없다면 평생 천국, 지옥을 부정하면서 기독교를 맹렬하게 공격했던 볼테르, 니체, 사르트르, 버트런드 러셀 같은 유명한 사상가들이 죽을 때 불안과 공포를 느끼고 떨며 심지어 비명까지 질러대면서, 주변 사람들에게 살려 달라고 매달리는 안타까운 모습은 보이지 말

있어야 하지 않았나요? 그들은 자신들이 지옥 간다는 것을, 죽을 때 뒤늦게 알게 된 것입니다.

평소에 죽음을 아무것도 아닌 것처럼 여기던 그들이기에 보통 사람들과는 달리 그들만큼은 죽음 앞에서 당당하게 거인(巨人)의 모습을 보일 줄 알았는데, 초라하다 못해 비참하게 죽어가는 그들의 최후를 지켜본 사람들은 그들의 사상이나 철학이 별 게 아니라는 것을 알게 되었습니다. 그들의 무신론적 신념이 죽음 앞에 처절하게 무너지는 것을 보는 심정이 어떠했을까요? 그래서 죽음을 대비하고 사는 그리스도인들이 무신론 철학자들보다 생존 방식을 잘 알고 삶의 길을 제대로 깨우친, 훨씬 지혜롭고 현명한 철학자들이라 할 수 있습니다.

생명의 도(道)를 아는 크리스천은 이 세상의 부귀영화를 성공이라 보지 않고, 진정한 성공은 천국에서 영원을 사는 것이라 여겨 믿는 순간부터 자신의 미래가 달린 영원한 삶을 하나하나 착실하게 준비하며 살아갑니다. 반면에 믿지 않는 사람은 천국, 지옥이 있는 줄도 모르고, 죽기살기로 돈을 벌어 잘 먹고 잘 살며, 부귀영화를 누리는 것을 성공의 절대가치로 여기며 살고 있습니다.

□ 덧없고 허무한 세상 가치

성경은 세상의 부귀영화가 덧없고 허무한 것임을 이렇게 말하고 있습니다:

하늘이 부귀영화를 허락했다고 해도 그것을 누릴 시간이 주어지지 않으면 그것 또한 헛된 것이며 비통한 일이다(전 6:2).

모든 인간은 풀과 같고 그 영광은 다 들의 꽃과 같아서 풀도 마르고 꽃은 시드니, 인생도 이와 같은 것이다(사 40:6-7).

사람은 아무리 돈이 많아도 그 돈으로 다른 사람의 생명을 구할 수는 없다. 생명의 값이 너무나 커서 그 어떤 것을 지불한다고 해도 사람을 죽지 않고 영원히 살게 하지는 못한다(시 49:7-9).

남이 돈을 모아 점점 부요해지고, 그 집안의 명성이 높아갈 때, 그런 것을 보고 낙심하지 말아라. 그가 죽으면 아무것도 가져가지 못하고, 그 영광도 그를 따라 무덤까지 내려가지 못한다. 아무리 영화를 누리며 살아도 깨닫지 못하는 사람은 짐승처럼 죽는다(시 49:16-17, 20).

부자가 되려고 너무 애쓰지 말고 자제하는 지혜를 가져라. 재물은 언젠가는 사라지는 법, 독수리처럼 날개가 돋쳐 날아가 버릴 것이다(잠 23:4-5).

재물은 영원히 있는 것이 아니며, 면류관도 대대로 지속되는 것이 아니다(잠 27:24).

천국에 가는 유일한 길은 우주의 창조자요 천국의 건설자인 예수 그리스도를 자신의 구주로 믿는 것입니다. 그러나 한평생을 살면서 길이요, 진리요, 생명이신 예수님을 만나지 못하고 인생을 마치는 사람은 가장 불행한 사람입니다. 신은 죽었다고 선언한 니체는 하나님 없이도 인간이 위대해질 수 있다며 초인(超人) 정신을 강조했지만, 성경은 이와 반대로 인간이 얼마나 보잘것없는 허무한 존재인지를 여러 가지 용어로 표현하고 있습니다:

□ 인간은 보잘것없는 존재이다.

인간은 벌레에 불과하다(시 22:6).

티끌로 돌아갈 운명이다(시 90:3).

먼지와 같은 존재이다(시 103:14).

하루살이에 지나지 않는다(욥 4:19).

단 한 번의 호흡에 불과하다(욥 7:7).

빠르게 지나가는 그림자이다(욥 14:2).

한 번의 입김일 뿐이다(시 144:4).

짐승처럼 죽기 마련이다(시 49:12).

시들어 가는 풀이다(시 102:11).

헛되고 무가치한 존재이다(전 1:2).

가진 것 없는 벌거숭이 인생이다(전 5:15).

잠시 머무는 나그네이다(대상 29:15).

입김보다 가벼운 존재이다(시 62:9).

돌아오지 못하는 바람이다(시 78:39).

허무하게 창조된 인생이다(시 89:47).

잠시 잠자는 것 같은 인생이다(시 90:5).

평생 한숨으로 보내는 인생이다(시 90:9).

수고와 슬픔뿐인 인생이다(시 90:10).

저녁 그림자 같은 삶이다(시 102:11).

일순간에 불과한 짧은 생애이다(시 39:5).

담을 수 없는 쏟아진 물이다(삼하 14:14).

바람 잡는 허무한 인생이다(전 2:17).

근심과 고통뿐인 삶이다(전 2:23).

덧없이 지나가는 짧은 일생이다(전 6:12).

영광이 꽃처럼 시드는 인생이다(사 40:6).

괴롭고 고통스러운 운명이다(전 1:13).

숨결에 불과한 인간이다(사 2:22).

하나님 손에 달린 인생이다(시 31:15).

뿌리와 가지가 마른 나무이다(욥 18:16).

구더기에 지나지 않는 인생이다(욥 25:6).

풀잎에 불과한 죽을 인간이다(사 51:12).

바람에 날리는 낙엽이다(욥 13:25).

마른 지푸라기 같은 존재이다(욥 13:25).

이상의 말들은 하나님 없이 사는 인생의 절망을 언급한 것입니다. 죄가 이 모든 것에 더해져 인간을 더욱 비참하게 만들었습니다. 이렇게 무가치하고 덧없이 허무하게 살 수밖에 없는 인간에게 영광의 관을 씌워 존귀하게 만드신 분이 바로 예수 그리스도이십니다. 그분은 우리의 죄와 연약함, 고통, 슬픔, 가난, 질병, 저주를 다 짊어지시고, 우리 대신 십자가에서 죽어, 우리의 죗값을 완전히 지불하심으로써 믿는 자를 의롭다고 여기셨습니다. 그리하여 죄인인 우리가 천국에 갈 수 있도록 길을 열어 놓으신 것입니다. 그래서 예수를 구주로 영접하기만 하면, 누구든지 천국에 들어갑니다.

◆ 죽음을 초월한 사람

미래가 없는 사람은 태어난 순간부터 죽음을 향해 가고, 미래가 준비된 사람은 영원을 향해 가고 있는 존재입니다.

감옥 안에서 고난에도 굴하지 않고 담대하게 예수를 시인하며 식사 때마다 기도하는 한 형제를 지켜보던 사람이 있었습니다. 그의 모습에서 자신의 죽음을 생각한 북한 수용소의

최 형제라는 사람이 쓴 감동적인 시가 있어 여기에 소개합니다:

하나님, 조금만 있으면
주께로 갑니다.
많이 살지 못했지만,
아깝지 않은 저의 삶입니다.
먹을 것을 위해 살던 저를,
주를 바라보며 살게 하셨습니다.
땅만 보며 살던 저를,
하늘 바라보며 살게 하셨습니다.
이 땅의 삶이 전부인가 했는데,
영원한 삶의 길을 보여주셨습니다.
세상을 원망하며 그늘 속에 살던 저를
감사하는 자로,
찬양하는 자로,
만들어 주셨습니다.
삶의 가장 귀한 것을 알게 하시고,

가장 아름다운 것을 사랑하게 하신

나의 예수님,

조금 있으면 당신께로 갑니다.

마음이 왜 이리 두근거립니까!

죽음으로써 생명을 약속하신 주님,

주님의 발자취 따라 이 영혼 갑니다.

왜 이리 기쁩니까?

죽음을 더 가까이서,

대면할 수 있기 때문입니다.

사랑 그 자체이시며,

소망 그 자체이신 주님!

나 비록 죽고,

아침 이슬처럼 사라지나

저는 압니다.

이 땅의 어두움을 몰아내시고,

광명을 찾아주실 주님의 때를!

십자가로 승리하신 당신께서

오늘도 승리하실 것을 압니다.

주님, 이 영혼을 받아주옵소서.

예수님의 무한하신 사랑이

이 땅에 충만케 되는,

그 날을 속히 주옵소서.

이 영혼 주께로 갑니다.

받아주옵소서!-최 형제

3

당신은 천국을 위해 무엇을 투자했는가?

앞장에서 떠날 준비를 하라고 했는데, 천국으로 떠나기 전에 빈손으로 가지 말고, 천국으로 가져갈 보물이 있어야 합니다. 이 땅에서 천국을 위해 투자한 보물은 내가 하늘나라에서 되찾게 되는 내 상급의 몫입니다. 천국을 위해 투자하기 위해서는 물질적 개념을 바꿀 필요가 있습니다.

우리가 가난한 사람을 만나는 순간 벌써 내가 가진 돈은 내것이 아닙니다. 이 세상에서 가지고 있는 것이 내것이 아니고 하늘에 쌓아둔 보화, 즉 그리스도의 이름으로 선하게 쓴 것만 진정한 의미에서 나의 자산이 됩니다. 이와 같은 올바른 소유철학은 돈 문제를 초월할 때에만 가능합니다.

◆ 돈의 배후에 영적인 세력이 있다.

재물의 신인 맘몬이 우리 삶을 지배하면 우리는 돈의 노예가 되고 사탄의 종이 된다. 예수님의 말씀 중 3분의 1이 돈에 대한 이야기라는 것은 맘몬의 위력이 그만큼 강력하기 때문이다. 돈을 사랑함이 일만 악의 뿌리가 된다. 돈의 배후에 사악한 세력이 있다는 것을 잘 간파하지 못하는 사람들이 돈을 사랑하다가 미혹을 받아 큰 낭패를 당한다. 바울은 이 문제에 대해서 이렇게 기록하고 있다.

"돈을 사랑하는 것이 온갖 악의 뿌리가 됩니다. 이것을 가지려고 열망하는 사람들이 믿음에서 떠나 방황하다가, 많은 고통을 당하고, 마음의 상처를 입습니다"(현대인의 성경, 딤전 6:10).

돈이 없어 죽는 사람보다 돈이 있어 죽는 사람이 훨씬 더 많다. 그래서 히브리서 기자는 말했다.

"돈을 사랑하지 말고 있는 바를 족한 줄로 알라. 그가 친히 말씀하시기를 '내가 결코 너희를 버리지 아니하고 너희를 떠나지 아니하리라' 하셨느니라"(히 13:5).

일평생 돈을 섬기다가 돈 때문에 망하는 자들이 많다. 그리스도인은 돈을 섬기는 자가 아니라 주님을 섬기는 자이다. 물질 문제에 주님의 계명대로 살면 하나님은 우리를 버리지 않으신다. 사람은 영적인 동물이기 때문에 빵으로만 살 수 없는 존재이다(마 4:4). 이것을 잘 아는 사탄은 물질을 미끼로 사람의 영혼을 사냥하려고 항상 기회를 엿보고 있다.

물질이란 인간의 죽음과 함께 쓸모없는 것이 되고 마는데 악한 영들은 이것 때문에 밤낮 다투고 싸우도록 부추긴다. 파르테르 민족의 여왕은 로마의 집정관 크라수스가 황금이 탐이 나서 군사를 일으킨 것으로 생각하여 죽은 그의 입에다가 녹인 황금을 부어 넣으며 "자, 그대가 갖고 싶어한 것이다"라고 말했다. 사람이 죽으면 황금을 이고 가는가, 지고 가는가? 그런데 악마는 영원의 관점에서 보면 무가치한 황금을 내세워 세상을 지배하는 최고의 가치라고 떠벌린다. 이것은 돈에 집착하는 인간들을 파멸시키기 위한 그의 교묘한 술책이다. 하지만 사탄은 돈을 무시하고 물질에 초연하는 자들을 가장 두려워한다는 것도 알 필요가 있다.

◆ 물질을 영적인 가치로 바꾸어라.

물질을 영적인 가치로 바꿀 수만 있다면 그보다 좋은 일은 없다. 물질을 소유하고만 있으면 물질 그 이상의 가치는 없다. 물질을 영적인 가치로 바꾼다는 것은 내가 가진 물질로 하늘의 보화를 얻는 것이다. 예수님은 영생을 얻겠다고 찾아온 부자 청년에게 생명을 얻으려면 계명을 지켜야 한다며 "살인하지 말라. 간음하지 말라. 네 부모를 공경하라. 네 이웃을 네 자신과 같이 사랑하라" 등등의 계명을 지켜야 한다고 말씀하셨다. 그러자 청년은 그런 것을 다 지켰다고 하였다. 그래서 예수님이 그에게 "가서 네 소유를 팔아 가난한 자들에게 주라. 그리하면 하늘에서 보화가 네게 있으리라"고 말씀하셨다

(마 19:21).

예수님이 "네 소유를 팔아 가난한 사람들에게 주라"고 했을 때 없어질 세상 물질로 하늘의 보화를 얻는 방법을 가르치신 것인데, 계명을 다 지켰다고 큰소리치던 부자 청년은 물질을 영적인 가치로 바꾸는 법을 몰랐기 때문에 가진 물질을 가난한 자들에게 주라는 말을 듣고 근심하여 돌아갔다.

그가 이웃을 자기 자신과 같이 사랑했다는 말은 거짓말이 되고 말았다. 자기가 가진 물질을 가난한 자들에게 나누어주지 않고 어떻게 이웃을 자기 자신과 같이 사랑할 수 있는가? 우리 주변에 가난한 사람들이 많이 있다는 것은 예수님이 가르치신 부(富)의 법칙대로 살면 우리에게는 하늘에 보화를 쌓는 기회가 그만큼 많다는 것을 의미한다. 주님은 또 말씀하셨다.

"너희 소유를 팔아 구제하여 낡아지지 아니하는 주머니를 만들라. 곧 하늘에 둔 바 다함이 없는 보물이니 거기는 도적도 가까이하는 일도 없고 좀도 먹는 일이 없느니라"(개역, 눅 12:33).

여기서도 땅의 보잘것없는 물질을 하늘의 보물로 바꾸는

원리를 말씀하고 계신다. 만물의 소유권은 주님에게 있고 우리는 물질을 맡아 관리하는 청지기일 뿐이다. 그런데도 예수님이 "너희 소유"라고 말씀하신 것은 의미심장하다. 우리가 주님의 말씀에 순종했을 때 천국의 주인이 됨과 동시에 만물이 우리의 것임을 계시 메시지로 주신 것이 아닌가 하는 생각이 든다. 실제로 바울은 "만물이 다 너희 것임이라"고 말하고 있다(고전 3:21).

물질로 하나님을 영화롭게 한다면 그는 물질을 영적인 가치로 바꾸는 사람이다. 희랍 신화에 나오는 〈마이더스〉 왕처럼 만지는 것마다 황금이 된다면 그것보다 더 불행한 일이 어디 있겠는가? 돈에 얽매이지 않고 돈으로부터 자유할 수 있는 사람이라면 물질을 영적인 가치로 바꾸는 일이 그리 어렵지 않을 것이다.

세계적인 금융재벌 로스차일드가 부자가 된 것도, 돈보다 더 소중한 가치가 있음을 알았던 것이 주된 원인이었다. 그는 본래 초르트코프의 랍비 데이빗 모쉬의 집에서 일하던 가난한 소년이었다. 랍비는 딸의 결혼 지참금으로 쓰기 위해 금화

200개를 금고에 보관해 두고 있었다. 로스차일드는 타지에서 온 여자와 결혼하여 작은 가게를 열었고 장사는 썩 잘 되었다. 몇 년 후 랍비의 딸이 결혼 할 때가 되었다.

랍비는 신랑에게 주려고 금고를 열자 금고가 텅텅 비어 있었다. 식구들은 로스차일드밖에 가져갈 놈이 없다며 그놈과 담판을 지어야 한다고 야단이었다. 할 수 없이 랍비는 로스차일드를 찾아가서 "자네 그 돈에 대하여 아는 게 없는가?" 하고 물었다. 로스차일드는 한동안 아무 말이 없었다. 한참 후에 그가 입을 열어 "제가 훔쳐갔습니다. 지금 당장 그 돈을 돌려드리겠습니다. 부디 절 용서해 주십시요" 하였다. 인간의 죄성을 알고 있었던 랍비는 그를 용서해 주었고, 그 돈을 받아 딸의 결혼식을 잘 치뤘다.

오랜 세월이 지난 후에 사건의 진상이 밝혀졌다. 하녀가 금화를 훔쳐 애인과 나누었는데, 어느 찻집에서 술이 취한 남자가 돈을 챙기게 된 과정을 자랑삼아 떠벌렸다가 들통이 났고, 그는 체포되었으며 하녀도 자신의 죄를 인정하였다.

랍비가 로스차일드를 찾아가 말했다.

"왜 자네가 저지르지도 않은 죄를 스스로 뒤집어썼는가? 그리고 왜 내게 그 많은 돈을 주었는가?"

"그때 어르신 얼굴이 너무 슬퍼 보였습니다. 그리고 울고 계실 마님과 아씨 모습이 떠올랐습니다. 그래서 제게 있는 돈을 전부 그냥 드리려고 했습니다. 하지만 그렇게 하면 어르신께서 받지 않으실 게 뻔했습니다. 그래서 그 돈을 제가 훔친 것이라고 했던 것입니다. 그렇게 해서 어르신은 평안과 기쁨을 되찾으셨습니다."

랍비 데이빗 모쉬는 그 말을 듣고 "하나님께서 자네와 자네의 모든 후손을 큰 부자가 되게 하심으로써 자네의 이 행위에 상 주시길 빌겠네" 하고 로스차일드에게 정성껏 축복해 주었다.

결국 랍비의 축복이 실현되어 오늘날의 세계적인 로스차일드 가문이 탄생한 것이다. 그는 물질을 영적인 가치로 바꾸는 법을 터득했던 것이 분명하다. 돈보다 랍비의 정과 의리를 더 소중히 여겼기 때문에, 도둑의 누명을 뒤집어쓰고도 자기 돈을 몽땅 랍비에게 드릴 수 있었다. 큰 인물이 될 사람은 생각하는 것이 다르다. 하나님은 물질을 초월할 수 있는 사람에게 물질을 주신다. 부자 청년은 물질을 하나님의 영광을 위해 쓰는 일에 실패했다. 나중에는 그가 가진 물질이 쓸모없는 것이 되었을 것이다. 물질에 눈이 멀어, 영생의 문 앞에서 돌아선 그 청년은 가장 소중하고 값진 것을 잃어버린 어리석은 부자로 인류역사에서 영원히 기억에 남게 될 것이다.

◆ 소중한 것을 아는 지혜:

   E.M. 바운즈는 "하나님을 위하여 말하는 것보다 하나님을 위하여 돈을 사용하는 데 영의 능력이 더 많이 요구된다"고 말했습니다. 위대한 설교보다 하나님을 위하여 위대한 삶을 살기가 더욱 어렵습니다. 가진 것이 많을수록 더 많이 기도하고, 더 깨끗한 심령이 되지 않으면 타락하기 쉽습니다. 보잘것없는 물질이지만 그것을 영원한 가치로 바꾸어 자신의 미래를 위해 천국에 투자하는 지혜로운 사람이 되기 바랍니다. 이것이 천국을 사모하는 여러분의 소망이 되었으면 좋겠네요.

4

지옥에서 고통당하는 자살자들

✎ 자살하는 사람들의 종착역이 지옥인지도 모르고 자살을 너무 쉽게 생각하는 사람들이 많아 큰 걱정입니다. 얼마 전 한국 청소년 정책연구원이 중고생 5,669명을 상대로 여론조사를 했는데, 중고생 3분의 1이 학업 부담으로 자살 충동을 느꼈다고 답했습니다.

예수 믿고 천국 가자고 전도해도 믿는 사람들의 정신이나 생각이 복음화되지 않아, 말과 행동이 다른 그들의 이중성을 보고 세상 사람들은 자신들의 문제를 교회에서 해결하기보다 차라리 죽어버리고 말겠다며 자살을 선택합니다.

막상 죽어보니 자신의 운명을 돌이킬 수 없는 영원한 고통의 장소인 지옥이 있다는 사실을 뒤늦게 알고 통곡해 보지만 소용이 없습니다.

내가 전도하는 사람들 가운데 태반이 예수를 거부한 이유 중 하나가 믿는 자들이 더 이기적이고, 다른 사람에 대한 배려가 없고, 돈에 대해 인색할 뿐 아니라, 거의 다 예수쟁이한테 사기당했다는 소리를 했습니다. 억장이 무너지는 심정이었습니다. 세상에 빛이 되어야 할 그리스도인이 세상 사람들에게 덕이 되지 않으니, 자살이 유행병처럼 퍼져도 교회는 침묵할 수밖에 없습니다. 종교생활의 매너리즘에 빠진 것을 회개할 필요가 있을 것 같습니다. 그리스도인 한 사람의 작은 친절이 세계를 구하는 날이 오기를 희망합니다.

자살자들이 지옥에서 어떤 고통을 당하는지 지옥 방문자들의 이야기를 듣고 정신을 차렸으면 좋겠습니다.

□ 너무나 끔찍한 지옥의 고통

◆ 방문자—김상호 장로

아, 머리가 아프기 시작했다. 많은 그리스도인들이 회개를 외치면서 '정말 간단하다. 주님께 용서를 빌면 모든 죄가 용서된다'고 입버릇처럼 말한다. 그리고 그 핑계로 돈을 빌린 후 잠적해 버리고, 다른 교회를 자기 교회처럼 다니면서 빌린 돈을 갚지 않고 하나님이 돈을 주시면 갚겠다고 말한다. '회개'는 문자 그대로 뉘우치고 고쳐야 하는 것이다. 빌린 돈을 갚지 않고 백날천날 형식적으로 기도하는 것은 아무 소용없는 일이다.

"네게 이르노니 한푼이라도 남김이 없이 갚지 아니하고서는 결코 거기서 나오지 못하리라"(눅 12:59).

자살자 중에 기독교인들이 상당 부분 포함되어 있다는 것은 참으로 안타까운 일이다.

창세 이후로 지금까지 혀가 빠진 채 매달려 있는 자살자 틈 사이로 지나가는데 저쪽 하늘에서 새떼가 날아왔다. 그

새는 몸집이 까마귀보다 큰데 눈이 날카롭고, 무섭고, 발톱은 길게 뻗어 있어, 한번 움켜쥐면 절대 놓지 않을 것같이 생겼으며, 주둥아리는 무쇠를 쪼아도 끄떡하지 않을 것만 같이 단단해 보였다.

처음엔 다른 지역으로 이동 중인 새들인 줄 알았는데 좀 있으니 그 많은 새들이 자살한 자들의 눈을 파먹는 것이 아닌가! 한 사람 앞에 새 한 마리씩 붙어 있었다. 눈을 쫄 때마다 감아버리지만 새들은 먼저 눈꺼풀을 공격하여 살점을 떼어낸 뒤 힘 들이지 않고 눈알을 파먹는 것이었다. 그러면 자살자들의 눈에서는 피눈물이 흘렀다.

그것으로 끝나지 않았다. 눈에서 흐르는 피눈물이 고통 속에서 몸부림치는 사람들의 땀과 섞여 축 늘어진 혓바닥에 닿으면 새들은 기다렸다는 듯이 혓바닥을 쪼아 뜯어먹었다. 새들은 눈알과 혓바닥을 다 먹어치우고는 어디론가 동시에 날아가 버렸다.

그 모습을 바라보던 나는 견딜 수 없는 충격에 휩싸였다. 그런데 놀라운 것은 파먹었던 눈알과 혓바닥이 재생되는 것이었다. 다음에 날아오는 새들이 다시 같은 형식으로 파먹을 수 있게 새로 돋아나는 것이었다. 정말 이런 지옥은 다시는 보고 싶지 않았다.

"하나님, 내 기도를 들어주소서! 내 영혼이 너무 고통스러워 견딜 수 없습니다. 이제 더 이상 지옥을 보고 싶지 않습니다. 여기까지 경험한 것만으로도 충분하오니 이제는 이 고통의 세계가 보이지 않게 하소서."

이런 간절한 기도가 끝나자 지금까지 나를 안내했던 천사가 나타나 고생 많았다며 이렇게 말했다.

"이런 경험이 있어야 다시는 오지 않으려 할 것이 아니냐? 이제부터는 네가 말로만 듣던 하늘나라를 보게 될 것이다"(깡통지옥/ 책나무/ p. 90-94).

◆ 방문자─김종원 목사

지옥에는 유황불이 활활 타오르는 불못이 있다. 이곳에서는 자살한 자들이 심판을 받는 곳이기도 하다. 이곳을 조심스럽게 살펴보니 온갖 크고 작은 용 같기도 하고, 도깨비같이 생긴 귀신들이 누군가의 지시를 받고 눈에 불을 켜고 소리를 지르고, 사람들을 저주하며 위협하고 있었다. 이 위협 앞에 사람들은 무서워서 울부짖고 고통스러워 소리를 질러댔다. 주님께서 자살한 사람들이 심판받는 이곳에서 여러 장면을 보여주셨다.

맨 먼저 한 소녀를 볼 수 있었다. 지옥은 온통 암흑의 천지이기 때문에 주님이 보여주시는 장면 외에는 볼 수가 없었다. 사람의 얼굴도 누구인지 정확하게 볼 수가 없었다. 바닥에는 피가 흥건하게 고여 있었는데 이 소녀의 손에는 큰 가위가 들려 있고, 그 가위로 자신의 손가락과 발가락을 번갈아가면서 조금씩 조금씩 자르고 있었다. 그때마다 손가락과 발가락에서는 피가 뚝뚝 흘러내리는데, 아프다고 소리를 질러도 아무도 들어주는 사람이 없었다. 비명을 지르는 입에서는 알지 못하는 여러 종류의 벌레들이 계속 기어나오다가 다시 소녀의 아랫몸속으로 들어가고 있었다. 그 벌레들이 소녀의 몸속에서 기어나올 때마다 오장육부를 파먹으니 피가 나오고 아랫몸에서도 끊임없이 피가 흐르고 있었다.

큰 뱀이 이 소녀의 목을 감싼 채 그녀의 입속으로 들어가려고 혀를 내밀고 머리를 쳐들자, 너무 무섭고 징그러워서 그 여자 아이의 두 눈알이 밖으로 튀어나왔다가 다시 들어가고, 밖으로 튀어나왔다가 다시 들어가기를 반복하고 있었다. 그 형벌이 너무나 고통스러워 울부짖는 소리가 우렛소리 같았다.

"아이고, 아파! 아파요! 무서워요! 제발 살려줘요! 여기서 나를 나가게 해주세요!"

소녀는 목이 터져라 비명을 지르면서 누군가의 이름을 부르며 원망하였다. 부모 이름 같기도 하고, 선생님 이름 같기도 한 이름을 원한이 서린 듯이 외쳐댔다. 소녀는 그런 고통 속에서도 항변을 하였다.

"왜 내가 이런 벌을 받아야 합니까? 왜? 왜? 왜요? 나도 피해자인데..."

그러자 정확하게 그녀의 지나온 삶의 행위책이 펼쳐졌다. 더 이상 자신을 숨길 수 없으니 여자 아이는 "잘못 했어요! 다시 한번만 기회를 주세요!" 하고 소리치며 울부짖었다. 이 안타까운 모습을 보여주시면서 내 안의 주님께서 조용히 말씀하셨다.

"이 소녀 부모는 오로지 공부와 성적만 강조했다. 인성교육이나 신앙교육에는 관심이 전혀 없었다. 그뿐 아니라 그런 것을 가르치지도 않았기 때문에 결국 자기 혼자 고민하다가 벗어나지 못하고 악한 영의 지배를 받아 자살해 지옥에 왔다."

바로 건너편 쪽에는 배추농사를 했던 한 남자를 보여주셨다. 이 사람도 어둠 속에서 보여주신 일이라 얼굴을 잘 볼 수가 없었다. 이 사람은 피가 물처럼 흥건히 고여 흐르는 곳에서 있었는데 남자인 것이 분명했다. 이 남자의 입은 나팔같이 생겼다. 그 앞에 주전자 같은 모양의 큰 항아리가 공중에 떠 있었고, 그 항아리에서 끊임없이 독한 액체가 그의 입으로 쏟아졌다. 마치 주전자에서 컵에 물을 붓듯 쏟아졌다. 이 액체는 불을 동반한 독이요, 냄새가 고약하기 이를 데 없었다. 이 액체로 인해 마치 종이가 불에 타들어 가듯 천천히 열을 동반한 불독이 이 사람의 오장육부는 물론 혈관과 뼈까지 녹이며 태우고 있었다. 그의 온 몸은 숯덩이처럼 조금씩 새까맣게 변해갔다.

이 심판의 형벌이 얼마나 무섭고 고통스러운지 이 사람의 얼굴이 이상한 괴물 형체로 변하는 것이었다.

나는 속이 매스껍고 이글거려 참을 수가 없었다. 이 사람이 버럭 소리를 질렀다.

"왜 나를 지옥에 보냈어요? 왜 지옥에서 이 고통을 당해야 합니까? 나는 농부로서 착하게 살았고 남에게 큰 피해를 준 적도 없는데 왜 지옥에서 이 고통을 당하는지 몰라요."

순식간에 그의 앞에 큰 책이 펼쳐지더니 은행의 돈 계수기보다 더 빠르게 지나온 그의 행위의 죄악이 펼쳐졌다. 이 사람 역시 그 행위책을 보자 큰 소리로 말했다.

"잘못했어요! 내가 잘못했어요! 그때는 내가 어리석었어요. 제발 다시 한번 기회를 주면 잘하겠습니다!"

그렇게 목놓아 울부짖었지만 도와주는 사람은 찾아볼 수 없었다. 지옥은 한번 들어가면 어느 누구도 빠져나올 수 없는 영벌의 장소이기 때문이다.

주님께서 내 옆으로 다가오시더니 이 사람의 죄에 대해 설명해 주셨다.

"이 사람은 배추 농장을 크게 하다가 많은 빚을 떠안게 된 사람이다. 농사를 짓다가 일이 망하게 되는 수도 있지. 그런데 이 사람은 자신의 목숨을 귀하게 생각하지 않고 자기 혼자 고민하다가 아내의 헌신과 충고도 무시하고, 농약을 마시고 스스로 자기 목숨을 끊었다. 그것이 큰 죄인 것이다. 너는 목사로서 자살이 얼마나 큰 죄라는 사실을 꼭 전해야 한다. 그런데 이 사람의 부인은 2년 전에 천국에 들어가서 지금 영생의 복을 누리고 있단다."

자살한 사람들이 심판받는 지옥의 장소는 그 끝이 보이지 않을 만큼 엄청 크다는 생각이 들었다. 악한 영들이 군대조직처럼 누군가의 명령에 따라 활동하는데 여러 괴물같이 생긴 크고 작은 악한 영들이 눈에 불을 켜고 괴성을 지르면서 지옥에 있는 사람들을 저주하며 위협하고 있었다(뷰티풀 천국, 쇼킹 지옥/ 베다니출판사/ p. 140-144).

◆ 충언: 아무리 힘들어도 자살은 하지 마세요. 자살하면 자신의 운명을 바꿀 기회가 영원히 사라집니다.

5

천국의 음악

✎ 지옥은 끔찍한 고통으로 울부짖으며 비명을 질러대는 곳이지만 천국은 너무나 화려하고 아름다워 춤추고 노래하는 곳입니다. 천국의 음악은 한 번 들은 것으로도 그 멜로디의 황홀함을 영원히 잊을 수 없다고 합니다.

음악은 인간의 정신세계에 미치는 영향이 엄청납니다. 서로 물고 찢고 싸우다가도 심금을 울리는 아름다운 멜로디가 흘러들어가면 전쟁 중에도 피아 구별 없이 함께 노래를 부르기도 합니다. 음악은 국경, 인종, 이념을 초월하여 지구촌을 하나로 묶는 평화의 메신저 역할을 합니다. 언어가 달라도 음악은 지성과 감정을 동시에 움직이며 마음을 감화시키는 신비한 힘을 가지고, 세계인을 하나 되게 하는 가장 강력한 문화 콘텐츠라 할 수 있습니다.

◈ 음악은 우주어이다.

음악은 누구에게나 감동을 주는 우주어이므로 그 영향력은 지상이나 천국이나 동일하리라 봅니다. 인류 최초의 음악가인 유발(Jubal)의 이름에서 '환희'(jubilee)란 단어가 나왔습니다. 이 말에는 '축제'란 뜻도 있습니다. 음악이 있는 곳에는 그 어디나 기쁨이 넘치고 축제 기분을 느낄 수 있습니다. 그래서 음악의 낙원이라 할 수 있는 천국은 영원한 희년이라 할 수 있습니다. 그러나 음악이라고 해서 다 좋은 것만 있는 것은 아닙니다. 하나님을 찬양하던 루시엘이 타락하여 이 세상을 음악으로 타락시켰습니다. 공자는 음악이 타락하면 국가가 망한다고 말했습니다.

사탄의 음악인 록음악의 피해는 엄청났습니다. 롤링스톤스의 일원이었던 브라이언 존스를 비롯하여 미국의 3대 우상 중 한 사람인 엘비스 프레슬리에 이르기까지 수많은 사람들이 록음악으로 인해 비극적인 종말을 맞이했습니다. 그러나 좋은 음악으로 인류에게 공헌한 훌륭한 음악가들이 있었기에 지옥 같은 이 세상이 그나마 유지되고 있다는 생각이 듭니다.

"경배하며 기뻐하라"를 작곡한 베토벤, "시온성과 같은 교회"를 작곡한 하이든, "메시아"를 작곡한 헨델 같은 사람들은 음악으로 세상 사람들에게 신적 존재를 알리며 하나님께 영광을 돌렸습니다. 루터는 말했습니다. "음악은 하나님께서 주신 가장 위대한 선물이다. 나는 음악에 감동되어 설교를 하고 싶은 욕망을 느낄 때가 많다."

그는 음악에 무한한 찬사를 보낸다며 신학 다음으로 음악의 중요성을 강조하기도 했습니다.

그러나 나는 유감스럽게도 음악적 소질이 전혀 없는 사람이어서 찬송가도 제대로 아는 것이 없습니다. 그런데 천국에 가면 악기를 전혀 다루지 못하는 사람이나 음치도 음악의 대가가 될 수 있음을 알게 되어 천국 음악에 흥분하는 마음으로 이 글을 쓰고 있습니다. 지금부터 천국 음악에 대하여 천국 방문자들의 이야기를 들어보도록 하겠습니다.

◆ 방문자―돈 파이퍼

천국의 일 중에 내가 가장 생생하게 기억하는 것은 어릴 적 시골의 숲속에서 들었던 바로 그 새들의 노랫소리였다. 천국에서 들었던 그 성스러운 소리는 내가 들었던 소리 중에 가장 아름답고 행복한 소리였다. 그 소리는 마치 영원히 계속되는 노래 같았으며 나는 경탄에 빠져 계속 듣고 싶을 뿐이었다. 나는 듣기만 한 것이 아니라 마치 그 소리와 하나가 된 것처럼 그 소리는 내 몸을 타고 울려 퍼졌으며, 나는 가만히 서서 그 소리가 나를 감싸는 것을 느끼고 있었다.

어느새 즐거운 음악 소리와 함께 멜로디가 온 공간을 가득 메웠는데도 신기하게 그 소리는 조금도 산만하지 않았다. 나는 천상에서 열린 음악회의 연주 소리가 내 몸 구석구석에 스며드는 것을 느끼면서 동시에 주위에 있는 모든 것에 집중할 수 있었다(기적의 90분/ 말글빛냄/ p. 77-79).

아무것도 묻지 않았고 궁금해 하지도 않았다. 모든 것이 완벽 그 자체였다. 내가 모든 것을 다 알고 있었기 때문에 나는 아무것도 물어볼 필요가 없다는 느낌이 들었다. 수없이 많은 소리들이 내 가슴과 마음을 꽉 채웠지만 그것을 말로 다 설명할 수가 없다(p. 80).

천사의 날개 소리는 천국에서 경험했던 것들 중에 가장 생생한 기억으로 지금까지 내 머릿속에 남아 있다. 물론 음악이라 칭하긴 했지만 그 날개 소리는 지상에서 들어본 그 어떤 소리와도 차원이 다른 것이었다. 그 소리는 온통 찬송가의 멜로디로 가득했다. 그리고 그 소리가 전하는 멈추지 않는 강렬함과 헤아릴 수 없는 다양함이 나를 압도했다. 가장 놀라운 것은 수백 곡이 동시에 울려 퍼졌다는 점이다. 모두 주님을 찬양하는 노래였다(p. 81).

천국에서는 "갈보리산 위에"나 "못자국의 상처난 손" 같은 노래들은 들리지 않았다. 주님의 희생이나 죽음에 대한 노래는 한 곡도 없었다. 천국에서는 슬픈 노래가 존재하지 않는다는 것을 직관적으로 알 수 있었다. 만왕의 왕이신 그리스도의 통치에 대한 찬양과 그분이 얼마나 훌륭하신 분인지 칭송하는 노래만 울려 퍼질 뿐이었다 (p. 85).

나는 그 아름다운 음악에 감탄하지 않을 수 없었다. 비록 노래를 뛰어나게 잘하진 않았지만, 내가 노래를 했다면 내 목소리가 완벽한 음을 이루어 내 귓가를 채운 목소리와 악기 소리만큼이나 듣기 좋고 조화로울 것 같았다. 나는 아주 지치고 피곤할 때 침대에 누워 눈을 감으면 때때로 마음속에 차오르는 천국의 노랫소리를 들으며 단잠에 빠질 때가 있다(p. 86).

◆ 방문자—무명의 사역자

천국에는 시간 개념이 없기 때문에 음악에도 박자와 상관없이 아름다운 멜로디가 계속된다. 천사들의 연주 소리와 노랫소리는 인간의 언어로 표현할 길이 없을 만큼 황홀하고 영혼 속에 파고드는 그런 음악이다. 각종 악기들이 모두 있으며 지상의 것보다 훨씬 크다. 트라이앵글, 탬버린, 하프, 오르간

등등 모두 지상의 것보다 3배 정도 크다. 심벌의 크기는 15피트(약 4.6m)나 되며, 그랜드 피아노는 55피트(약 17m)나 되어 10명의 천사들이 같이 칠 정도이다.

나는 피아노를 칠 줄 모르지만 약 2분간 정도 배우고 나니 마음대로 연주할 수 있게 되었다. 천국에서는 고도의 지식과 지혜를 즉각적으로 얻게 되기 때문이다. 나는 피아노를 잘 치는 것이 소원이었으므로 천국에서나마 피아노의 직분을 갖고 싶었지만 나의 직분은 가르치고 사역하는 데 있었다.

◆ 방문자—세네카 소디

연회가 열리고 있는 동안에 훌륭한 찬양대원이 새롭고 아름다운 많은 찬송을 불렀다. 천국에서는 입성하는 성도들에게 환영식을 베풀어 준다. 다윗도 하프를 연주하며 천국에 있는 자는 누구나 다 아는 계시록 21장 4절 이하의 말씀을 운율로 노래하였다: "모든 눈물을 그 눈에서 닦아 주시니 다시는 사망이 없고 애통하는 것이나 곡하는 것이나 아픈 것이 다시 있지 아니하리니 처음 것들이 다 지나갔음이러라...나는 알파와 오메가요 처음과 마지막이라. 내가 생명수 샘물을 목마른 자에게 값없이 주리니 이기는 자는 이것들을 상속으로 받으리라. 나는 그의 하나님이 되고 그는 내 아들이 되리라."

다시 회중이 "할렐루야"를 외쳤고 합창대원이 폐회송을 불렀다(파라다이스 방문기/ 보이스사/ p. 332).

◆ 방문자─어느 선교사의 증언

천국에서도 가족끼리 모이는데, 아름다운 옷을 입은 한 가족이 언덕을 오르내리면서 하나님을 찬양하고 있었다. 천국의 분위기는 이 세상에서 가장 아름다운 음악이 깔려 있는 잔잔하고 고요한 분위기라 할 수 있다. 천국의 음악은 기쁨의 표시이며 행복과 즐거움의 표시였다.

음악 소리를 들으면서 나도 모르게 기쁨과 행복, 즐거움이 솟아오르는 것을 느꼈다. 천국의 음악은 지상의 그 어느 단체나 교회 성가대와 비교할 수 없는 아름다운 음악이었으며 완벽한 심포니 오케스트라였다. 수백만 명이 찬양하는데도 마치 한 목소리처럼 들렸다. 그 큰 음성의 웅장하고 장엄함을 감히 지구상의 그 어떤 말로 표현할 수 있겠는가! 완벽한 조화요 실수가 전혀 없는 걸작품 그 자체였다.

악기 또한 대단했다. 트럼펫을 비롯하여 관현악기, 현악기 등 각종 악기들이 이루 헤아릴 수 없이 많았다. 그 악기들은 성도들이 부르는 찬양 소리를 더욱 빛나게 했다. 악기 소리들은 맑은 물소리와 같이 깨끗하고 청아하게 들렸다. 완벽한 하모니, 아름다운 가락 그 자체였다.

이러한 찬양과 악기 소리를 혼자 듣는다는 것은 너무 가슴 벅찬 일이었으며 전율과 진한 감동이 물밀듯이 계속 몰려왔다.

하나님을 높이는 이 위대한 찬양을 듣는 것 자체가 너무나 영광스러운 일이 아닐 수 없었다. 지구상에서 박자가 맞지 않고 노래를 못하던 음치라 할지라도 천국에서는 일류의 음악가가 되어 하나님을 찬양할 수가 있다.

천국에서는 모두가 행복하다. 지구상에서 아무리 뛰어난 찬양이라 할지라도 천국의 음악에 비하면 빛을 잃고 말 것이다. 계속 이어지는 찬양의 파도는 천국의 땅과 길들에 굽이치며 감돌고 있었다. 사면에 찬양 외에는 아무것도 없었다.

◆ 희망의 메아리:

　천국 방문자들의 증언을 들으니 천국이 음악의 낙원이라는 것이 실감납니다. 나같이 음악에 소질이 없는 사람들도 천국에서는 음악을 잘할 수 있다니 이것이야말로 음치들에게 최고의 희망 메아리가 아닌가 여겨집니다. 하루속히 천국에 가서 음악의 천재성을 발휘하여 수많은 사람들에게 감동과 전율을 느끼게 하는 음악의 대가가 되고 싶다는 소망을 가진다면, 저와 함께하는 여러분의 천국 탐방이 헛되지 않으리라 믿습니다.

6

천국과 지옥의 차이

✎ 아름다운 멜로디와 찬양으로 가득한 천국을 감상하다가, 갑자기 지옥 이야기를 하게 된 것은 천국과 지옥의 차이를 느껴보기 위함입니다. 대부분의 사람들은 종교 유무를 떠나, 사후세계가 있을 것이라고 막연하게 추측하고 있습니다. 그래서 선하게 살고 착한 일을 한 사람들은 틀림없이 하늘나라에 갔을 것이라고 말합니다. 하늘나라는 하늘에 있

고, 지옥은 땅속에 있는데, 하늘나라에 갔다는 것은 천국에 갔다는 말입니다. 어떤 이는 그냥 좋은 곳에 갔을 것이라고 말하기도 합니다. 이런 것은 희망 사항일 뿐 천국과 지옥의 실상을 모르고 하는 말입니다.

　사람이 죽어서 가는 길은 두 가지 길밖에　없습니다. 그 두 가지 길이란 천국과 지옥이며, 그 외에 중간 지대는 없습니다. 사람의 영원한 운명이 걸린 이런 중대한 문제를 아무런 근거나 확신 없이 말한다면 내가 천벌을 받아 마땅합니다.

　사람이 죽는 순간에 알게 되는 사실이기 때문에, 시시비비를 가릴 것도 없습니다. 하나님도 없고, 천국이나 지옥이 없다고 큰소리치며 외쳐대던 무신론 철학자들도 죽는 순간에 영이 열려, 영계의 실상을 보고 지옥이 분명히 있음을 고백했습니다. 그리고 수많은 영계 방문자들이 천국과 지옥을 보고 와서 가문의 명예가 걸린 문제인데도 지옥에 자기 가족, 친척이 있는 것을 샅샅이 공개했고, 천국에서 사랑하는 부모 형제, 친척, 친구, 동료들을 만났다고 증언했습니다.

자기 종교의 교리나 지식으로만 신앙생활을 하는 사람과 직접 천국, 지옥을 체험한 사람들의 인식 능력에는 차이가 있을 수밖에 없습니다. 그래서 지옥이나 천국을 보고 왔다는 사람들의 말이 신빙성이 없다며, 정신이 몽롱한 상태에서 환영(幻影)을 보고 지어낸 이야기라고 비평합니다. 만일 그런 사람들이 몇 초 동안만이라도 직접 지옥의 실상을 보고 온다면, 당장 예수 믿겠다며 교회로 달려갈 것입니다. 지옥 체험자는 지옥을 단순히 구경하고 온 사람과, 자기가 직접 지옥에 가서 끔찍한 고통을 당하다가 돌아온 두 부류의 사람이 있습니다. 지옥을 직접 체험한 사람들은 그 후유증으로 며칠씩 끙끙거리며 앓아 눕기도 합니다.

이 천국 시리즈를 통해서 천국이 얼마나 화려하고 영화로운 세계인지는 여러분이 알 만큼 알고 있어, 여기서 다시 설명할 필요가 없습니다. 그럼 지옥에서 이루 말할 수 없는 고통을 당하고 온 실제 지옥 체험자의 이야기를 들어보도록 합시다. 이 글을 다 읽고 나면 천국과 지옥의 차이를 선명하게 알게 될 것입니다.

□ 실제 지옥 체험자의 이야기

◆ 체험자―메리 백스터

　나는 예수님을 따라 지옥으로 갔는데, 어느 지점에 이르자 우리 앞에서 입구가 열렸다. 지옥 안은 완전히 캄캄한 암흑이었고, 섬뜩하고 날카로운 비명만이 귀에 울리고 있었다. 악취 또한 너무나 지독해서 호흡할 수조차 없었다. 내가 암흑 속에서 유일하게 볼 수 있던 것은 예수님밖에 없었다. 나는 주님에게 바짝 다가가서 걸어갔다.

　그때 갑자기 예수님께서 사라지셨다! 도저히 예상하지 못했던 일이다. 나는 지옥의 심장 안에서 홀로 있었다. 무서움이 엄습해 왔다. 돌연한 공포가 나를 휘감았고, 죽음이 나를 장악했다.

　"어디 계시나이까? 어디에 계시나이까? 오! 주여, 제발 돌아오소서!"

　나는 예수님을 간절하게 부르고 또 불렀다. 그러나 아무런 대답도 들려오지 않았다.

"오! 나의 하나님이여, 여기서 나가야 해요."

나는 울면서 암흑 속을 뛰기 시작했다. 정신없이 뛰어가다가 나는 어떤 벽에 부딪혔다. 멈칫 서고 말았다. 내 손에 닿았던 것은 숨을 내쉬는 것 같았고, 나의 손을 향해 움직이고 있었다. 나는 더 이상 혼자가 아니었다. 음흉한 웃음과 함께 희미한 노란빛에 싸인 귀신 두 명이 내게 다가와 두 팔을 붙잡고 있었다. 그들은 재빨리 내 팔과 손에 쇠사슬을 채우고, 더 깊은 심장 안쪽으로 끌고 갔다. 내가 절박하게 예수님을 불러 찾았지만 아무 대답이 없었다. 나는 울부짖으면서 온 힘을 다해 저항했다. 그러나 그들은 마치 내가 아무런 저항도 하지 않는 듯이 나를 끌고 가고 있었다.

이제 우리는 심장 깊숙한 곳에 들어섰는데 순간, 어떤 강한 힘이 나의 몸에 스쳐 지나가자마자 나의 육신을 실제로 벗겨내는 듯한 고통이 느껴졌다. 나는 예리한 고통으로 자지러질 듯 비명을 질러대고 있었다.

나를 잡은 귀신들은 마침내 어느 감방 안으로 나를 밀어넣었다. 문에 자물쇠가 채워지는 소리가 들리자 나는 더 큰 소리로 울부짖었다. 그들이 빈정거리고 웃으며 말했다.

"울어도 소용없어! 조금 있으면 우리의 주인 사탄 앞에 널 데리고 갈 거야. 그분은 네게 괴로움을 주시면서 쾌락을 느끼거든. 그러면 고통이 뭔지 알게 될 거야."

이제 나의 몸에는 지옥의 더러운 악취가 배어 있었다.

"제가 왜 여기에 있을까요? 뭔가 잘못 되었나요? 설마 제가 미쳐가고 있는 걸까요? 저를 밖으로 꺼내주소서."

그렇게 소리쳤지만 아무 소용이 없었다. 잠시 후 나는 내가 감금되어 있는 감방이 어떤 곳인지 만져보기 시작했다. 그것은 마치 살아 있는 것처럼 둥글고 유연해 보였다. 아니, 그것은 정말 움직이고 있었고, 실제로 살아 있었다. 그것은 살아 있는 것이었다. 실제로 그것이 움직이기 시작했다.

"오! 주여, 도대체 어떻게 된 거죠? 예수님, 어디 계시나이까?"

그러나 메아리만 공허하게 대답할 뿐이었다. 공포! 가장 무서운 공포가 나의 영혼을 휘어잡았다. 예수님께서 나를 떠나신 후 처음으로 나는 아무런 희망이 없는 '잃은 자'라는 것을 깨닫기 시작했다. 나는 흐느껴 울면서 예수님을 부르고 또 불렀다. 어둠 속에서 어디선가 음성이 들렸다.

"예수를 불러도 아무 소용이 없어요. 그는 여기에 계시지 않아요."

희미한 빛이 비치기 시작하자 비로소 나는 다른 감방들을 볼 수 있었다. 그것들은 내가 있는 감방과 마찬가지로 심장의 벽 안에 설치되어 있었다. 우리 앞에는 둥근 천장 같은 것이 있었고, 또 감방 안쪽에서는 진흙처럼 끈적이는 물체가 흐르고 있었다.

다시 여자의 목소리가 뒤 감방에서 들렸다.

"당신은 이 고통의 장소 안에 있는 '잃은 자'예요. 이 장소에서 밖으로 나가는 길은 없답니다."

빛이 너무 흐릿했기 때문에 다른 감방에 있는 그녀를 보기가 힘들었다. 말을 했던 그 여자는 나처럼 깨어 있었지만, 다른 사람들은 잠들었거나 혼수상태인 것 같았다. 그녀가 외쳤다.

"희망이 없어요, 희망조차도!"

외로움이 격렬하게 밀려들었고, 절망으로 가슴이 무너져

내리는 것 같았다. 그 여자의 말은 도움이 되지 않았다.

"이곳은 지옥의 심장으로 우리가 고통받는 장소랍니다. 하지만 지옥의 다른 곳에 있는 사람들에 비한다면 우리의 고통은 덜한 편이지요."

나는 후에 그곳이 지옥 안에 있는 다른 곳들보다 고통이 덜하다는 그녀의 말이 거짓이었다는 것을 알았다. 그녀가 계속해서 말했다.

"때때로 우리는 사탄이 우리를 고문하여 쾌락을 얻을 수 있게 하기 위해 사탄 앞에 끌려가곤 해요. 사탄은 우리의 고통을 먹고 살며, 절망과 슬픔으로 부르짖는 소리를 들으며 더욱 강성해진답니다. 우리 앞엔 항상 죄가 있을 뿐이죠. 물론 우리가 신성하지 않다는 것을 압니다. 우리는 한때 주 예수 그리스도를 알았으나 그를 거절했고, 또 하나님을 떠나 타락했다는 것을 압니다. 우리는 우리에게 즐거움을 주는 일만을 행했지요. 이곳에 오기 전에 나는 창녀였어요. 남자들과 여자들로부터 돈을 받고 우리가 사랑이라 부르던 일을 했지요. 그 때문에 많은 가정도 파괴시켰어요. 그리고 이곳에는 저와 같

은 여자 동성애자들, 남자 동성애자들, 그리고 간음자들이 감
금되어 있답니다."

내가 암흑 안쪽을 향해 외쳤다.

"나는 여기에 속한 자가 아니예요. 나는 구원받은 사람입
니다. 나는 하나님께 속한 자입니다. 그런데 내가 왜 여기에
있어야 하지요?"

그러나 아무 대답이 없었다. 곧이어 귀신들이 돌아와서 감
방문을 열었다. 두 명의 귀신이 나를 밀고 끌며, 통로로 데려
갔다. 귀신들이 만질 때마다 몸에는 이글거리는 불꽃이 닿는
것 같았다.

"오! 예수님, 당신은 어디에 계시나이까? 예수님, 제발 저를
도우소서!"

간절한 마음으로 주를 찾았다.

내 앞에서 큰 소리를 내면서 불이 솟아오르다가 나에게 닿
기 전에 사라졌다. 이제 나의 육신은 마치 나의 몸으로부터
찢겨나가는 것 같았다. 가장 견디기 힘든 고통이 나를 덮쳐왔
다. 나는 믿을 수 없을 정도로 고난을 당하고 있었다.

뭔가 보이지 않는 것이 나의 몸을 찢고 있었고, 또 박쥐처럼 생긴 악령들이 나의 전신을 물어뜯고 있었다. 내가 외쳤다.

"전능하신 주 예수여, 당신은 어디에 계시나이까? 오, 제발! 저를 꺼내주소서."

나는 밀리고 끌려 지옥의 심장 내부 가운데 넓은 공터까지 오게 되었다. 곧 나는 지저분한 제단 앞에 던져졌다. 제단 위에는 거대한 책 한 권이 펼쳐진 채 놓여 있었다. 나는 사악한 웃음소리를 듣고서 내가 사탄 앞, 더러운 땅바닥에 놓여 있다는 것을 깨닫게 되었다(내가 본 지옥/ 오리진/ p. 103-108).

◆ 추가 설명:

독자들이 지옥의 '심장'이라는 말을 잘 이해하지 못할 것 같아서 보충 설명을 해야 할 것 같습니다. 메리 백스터는 지옥의 형태가 인체 모양으로 되어 있다고 했습니다. 지금 그녀가 온 곳은 팔다리 부분이 아닌 지옥의 심장에 온 것입니다. 방문자 중에는 지옥의 형태를 층으로 구분한 사람도 있었지만, 일반적으로는 '자살자들의 지옥', '배교한 자들의 지옥' 등

등 죄의 유형별로 분류하여 보고했습니다.

◆ 안내—백스터의 지옥 체험은 다음 장으로 이어집니다.

7

지옥을 직접 체험한 사람

✎ 천사와 함께 지옥을 구경만 하고 온 사람들도
지옥의 참상을 보고 몸서리를 쳤습니다. 더구나 지옥 고통을
직접 체험한 사람의 심정은 어떨까요? 앞장에서의 지옥 체험
이야기를 이어가도록 하겠습니다.

□ 지옥의 고통은 너무나 끔찍했다.

◆ 체험자—메리 백스터

사탄이 말했다.

"드디어 너를 갖게 되었다."

나는 두려움에 사로잡혀 있다가 그가 나에게 말한 것이 아니라 내 앞에 있는 어떤 이를 보고 그렇게 말했다는 것을 깨달았다. 사탄이 말했다.

"하하, 결국 너를 지구로부터 파멸시켰구나! 어떤 벌이 가해질지 살펴보자."

사탄은 책을 펴서 손가락으로 페이지를 뒤적거렸다. 그 영혼의 이름을 부르더니 형벌이 선포되었다.

"사랑의 주님, 진정 이 모든 것이 사실일까요?"

다음은 나의 차례였다. 귀신들은 나를 단상 위로 밀어 올리고 나서, 사탄에게 절을 하라고 강요했다. 조금 전과 같은 사악한 웃음소리가 그에게서 흘러나왔다. 그가 즐거운 듯 악의에 차서 소리쳤다.

"나는 오랜 시간 동안 너를 기다렸다. 너는 나에게서 도망가려고 노력했지. 하지만 이제 나는 너를 가지게 되었어."

전에는 한 번도 느껴보지 못한 극렬한 공포가 찾아왔다. 나의 육체는 다시 보이지 않게 찢겨지고 있었고, 큰 쇠사슬이 몸을 두르며 채워지고 있었다. 나는 쇠사슬이 감길 때마다 나 자신을 쳐다보았다. 내 모습은 '잃은 자'들과 같은 형태였다. 나는 죽은 사람의 뼈로 형성된 하나의 해골이었다. 그 안쪽에서는 구더기들이 꿈틀거리며 기어다녔고, 발에서 불이 시작되어, 나는 곧 불꽃 속에 휩싸이게 되었다.

"오, 주 예수여! 도대체 어떻게 된 일입니까? 예수님, 당신은 어디에 계시나이까?"

내가 애절하게 다시 외치자, 사탄이 웃고 또 웃었다. 그가 말했다.

"여기에는 예수가 없다. 이제부터 내가 너의 왕이고, 너는 영원히 나와 함께 여기에 있게 될 것이다. 이제 너는 내 것이다."

나는 정말 무서운 격정에 사로잡혀 있었다. 하나님을 느낄 수 없을 뿐만 아니라. 하나님의 사랑도, 평화도, 따스함도 느낄 수 없었다. 그러나 두려움과 증오, 지독한 고통과 슬픔이 밀려드는 것을 선명하게 느낄 수 있었다. 나는 주 예수께 나를 구해 달라고 소리높여 외쳤다. 그러나 대답이 없었다. 사탄이 말했다.

"내가 이제 너의 주인이다."

곧이어 사탄이 팔을 들어 한 귀신을 그의 곁으로 다가오게 했다. 보기 흉한 악령이 내가 서 있던 단상으로 재빨리 올라왔다. 박쥐 같은 얼굴로 다가오는 그의 큰 몸집에서는 악취가 풍겨나왔다. 그가 갈퀴 같은 손으로 나를 움켜쥐었다. 또 얼굴은 멧돼지처럼 생겨서 온 몸에 털이 있는 다른 귀신도 나를 붙잡고 있었는데, 그때 단상으로 올라온 그 악령이 물었다.

"주 사탄이여, 이 여자를 어떻게 할까요?"

"그녀를 심장에서 가장 깊은 곳으로 데려가라—그녀가 항상 자기의 눈으로 공포를 확인할 수 있는 곳 말이다. 거기에 가면 그녀는 나를 '주'라고 부르는 것을 배울 것이다."

나는 어두운 곳으로 끌려가 어둡고, 차고, 축축한 어떤 곳 안쪽으로 던져지게 되었다. 아, 내가 어떻게 찬 것과 불타는 것을 동시에 느낄 수 있단 말인가! 나는 몰랐다. 그러나 불은 나의 몸을 태웠고, 구더기들이 기어나와 나의 전신을 돌아다녔다. 죽은 자들의 신음소리가 공중에 가득했다. 나는 절망 속에서 부르짖었다.

"오, 주 예수여! 왜 제가 여기 있나요? 거룩하신 주님, 저를 죽게 하소서."

갑자기 내가 앉아 있던 곳에 빛이 환하게 비쳤다. 예수께서 나타나셨고, 나를 품 안에 껴안으셨다. 그리고 나는 즉시 집으로 돌아오게 되었다.

"은혜의 주님, 어디에 계셨나요?"

내 뺨에서는 눈물이 흘러내렸다. 예수께서 다정하게 말씀하셨다.

"사랑하는 나의 딸아, 지옥은 실제로 있느니라. 그러나 네가 그것을 직접 체험해 보지 않고서는 절대 이를 확실하게 알 순 없었을 게다. 이제는 네가 진실을 알고 있고, 지옥 안에

'잃은 자'가 진정으로 원하는 것이 무엇인지 분명히 알고 있다. 내가 너를 지옥 안에 있게 했던 까닭은, 그렇게 해야만 네가 의심없이 지옥이 있음을 알게 될 것이기 때문이다.”

나는 너무 슬프고 또 지쳐 있었다. 예수님의 품에 안긴 나를, 비록 주 예수 그리스도께서 완전하게 소생시켜 주셨어도, 나는 멀리 아주 멀리 가고 싶었다—예수님으로부터, 나의 가족으로부터, 모든 이들로부터 멀리 떠나고 싶은 심정이었다.

그후 며칠 동안 나는 집에서 몹시 앓아 누워 있었다. 지옥의 공포는 항상 눈앞에 생생했고 슬픔은 가실 줄 몰랐다. 내가 완전하게 회복되기까지는 여러 날이 흘러야 했다(내가 본 지옥/ 오리진/ p. 108-111).

◆ 독자들의 결단을 촉구합니다.

백스터의 실제 지옥 체험을 읽고 어떤 느낌을 받았습니까? 아마 실제 지옥 체험을 전제 조건으로 천국 탐방자들을 모집한다면 응할 사람이 몇이나 될까요? 백스터는 형벌의 개략

만 대충 이야기 했을 뿐, 실제로 죽겠다고 비명을 질러대며 절규하는 고통의 깊이는 별로 언급하지 않았습니다. 지옥이 완전히 빛이 차단된 칠흑 같이 깜깜한 곳이라는 것 자체만으로도 엄청난 공포를 느끼기에 충분합니다. 어두움에 대한 두려움은 핵폭탄보다 더 가공할 만한 힘으로, 한 영혼을 사정없이 짓밟는 폭군으로 다가옵니다. 암흑 포비아에 외로움까지 더해진 절망의 공간은 실낱 같은 희망의 싹까지 완전히 잘라버리는 또 다른 폭군이 되어 슬픔의 깊이를 가중시킵니다.

거기다가 숨 쉬기조차 힘든 지옥 악취는 상상하기도 힘든 고통입니다. 지옥 바닥에 흥건한 온갖 오물과, 피와 악귀들에게 잘리거나 찢겨나간 사지나 살점들이 불에 타서 썩는 냄새는 말할 것도 없고, 귀신이나 악귀들 특유의 지독한 냄새에 유황이 타는 역겨운 냄새까지 더해져, 살인적인 지옥 악취는 세상의 어떤 언어로도 표현하기 어려운 끔찍한 고통입니다. 그리고 '죽겠다', '뜨겁다', '목마르다'며 곁에서 질러대는 비명소리를 영원히 들으며 쌓이는 스트레스는 사람을 미치게 만듭니다.

지옥 형벌의 종류가 만 가지도 넘는다는데, 수백 수천 가지 형벌을 차례차례로 돌아가면서 받아야 한다고 생각하면 지옥 체험은 고사하고, 지옥 이야기를 듣기만 해도 소름이 끼칠 정도입니다. 게다가 이 지옥 고통이 1초도 끊이지 않고 영원히 계속된다고 생각하면, 기가 차서 더 이상 할 말이 없어집니다. 하나님의 영광으로 밝고 환한 아름답고 화려한 천국은 눈물, 슬픔, 질병, 노쇠, 고통, 죽음도 없이 청춘을 영원히 사는 곳인데, 지옥의 끔찍한 고통과 비교할 때 그 차이를 확연히 느낄 수 있을 것입니다.

백스터처럼 끔찍한 지옥 고통을 직접 체험하고, 실신 상태로 돌아와 며칠씩 끙끙거리며 앓아 누워보지 않고는, 지옥이 실재한다는 확신을 갖기 어렵기 때문에 주님은 그녀에게 지옥 체험을 허용했지만, 아마 백스터는 밤마다 악몽에 시달리며 지옥 영상이 시도때도 없이 떠올라 잠을 제대로 잘 수 없었을 것입니다. 그런데도 지옥을 실제로 체험한 자가 전하지 않으면 누가 그것을 믿으려 하겠습니까? 사탄과 그 부하들은 한시도 쉬지 않고 사람들을 속여 천국, 지옥 같은 것 없다며 세상을 마음껏 즐기며 살라고 유혹하지 않습니까?

악한 무리들은 한 사람이라도 지옥에 더 끌고 가려고 수단 방법을 가리지 않습니다. 그들에겐 죄라는 개념 자체가 없습니다. 무슨 짓을 해도 죄가 되지 않으니, 하고 싶은 것은 마음대로 하라고 합니다. 여기에 속아, 세상 향락과 방탕으로 세월을 보내다가 느닷없이 죽게 되면, 악귀들은 그들을 지옥으로 끌고 가서 온갖 끔찍한 고통을 가합니다. 결국 사탄과 그의 추종세력들은 최후에 모두 유황이 타는 불못에서 영원을 보내는 운명을 맞게 되겠지만, 아직은 자기들의 때라며 최악의 발악을 하고 있습니다.

이제 지옥보다 천국이 좋다고 확실한 판단이 섰다면, 지금 당장 예수님을 구주로 영접하시고 여러분들의 영원한 운명을 꼭 바꾸시기 부탁드립니다. 제가 매번 애절하게 이런 간청을 하는 이유는 천국 가이드로서 여러분을 무사히 천국까지 인도하기 위함입니다. 저의 애타는 심정을 헤아려 주시고 꼭 천국에서 만날 수 있기를 소원합니다.

8

고난을 기쁨으로 견디는 사람들

✎ 지옥은 한번 들어가면 영원히 빠져나올 수 없는 절망의 장소입니다. 만일 지옥 불 가운데서 고통을 당하다가 탈출할 수 있는 희망이 있다면, 지옥에서 백 만 년도 견딜 수 있다고 말한 사람도 있습니다. 우리가 지옥 고통의 깊이를 제대로 안다면, 예수 믿으면서 당하는 핍박이나, 인생의 풍랑 속에서 겪는 시련과 역경은 하찮은 것에 불과하다는 것을 알

게 될 것입니다.

그래서 지옥의 실상을 알면, 인생의 시련과 고통은 잘 참아낼 수 있습니다. 천국을 소망하는 그리스도인은 고난을 잘 견딜 수 있어야, 영적 전쟁에서 실패하지 않습니다.

고난을 이기는 방법은 고난을 두려워하지 않는 것입니다.

◈ 고난을 견디는 것이 축복이다.

그리스도인을 영광스럽게 하는 데는 고난보다 더 좋은 것이 없다. 주님은 우리가 시련과 고통 속에서 영생의 축복을 볼 수 있기를 원하신다. 충성된 증인은 하늘에 이를 때까지 세상 복을 구하지 않으며, 외롭고 가난해도 연단과 시련의 불 속에서도 십자가의 길을 포기하지 않고, 면류관을 얻는 그날까지 오직 하나님의 뜻만 따르기로 다짐하며, 세상 고난을 기쁨으로 감내한다.

'찡뗀잉'이라는 중국 그리스도인은 1921년 산둥성에서 '예수 가정'이란 단체를 설립했다. 그들은 모든 소유를 처분하고 초대교회처럼 재산을 함께 나누었다. 희생, 포기, 가난, 고난,

죽음 등 5개 단어로 이루어진 예수 가정의 강령은 그리스도를 향한 헌신과 청빈한 삶을 내포하고 있다.

이들은 복음을 들고 예루살렘을 향해서 걸어가며 전도하고, 밟는 땅마다 하나님의 나라를 세울 것을 다짐했다. 이들은 소위 '백 투 예루살렘' 운동이라는 것을 하고 있었다. 그들은 도보로 중국을 훑으며 진군했고, 마을이든 도회지든 지나는 곳마다 복음을 전했다. 마침내 그들은 오랜 세월 고생 끝에 신장 자치구의 국경도시 카슈가르에 이르렀다. 그때가 1948년이었다. 그곳에서 소련으로 들어가기 위한 비자를 신청해 놓고, 잠시 전진을 멈추게 되었다.

그러나 그들이 막 중국을 떠나기 전에, 마오쩌둥의 공산군이 신장지역을 장악하고 말았다. 그들은 곧바로 국경을 폐쇄하고 철권통치를 펼치기 시작했다. '백 투 예루살렘' 운동을 주도하는 지도자들이 모조리 체포되었다. 그 중 5명은 중노동이 부가된 45년의 징역형을 선고받았다.

그 지도자들은 오래 전에 감옥에서 세상을 떠났고 유일하게 남은 한 사람이 있었는데, 그가 〈짜오 시몬〉이라는 사람이었다. 그는 1988년에 예정보다 5년 일찍 석방되었다. 40여 년이란 옥살이를 견뎌낼 사람이 어디 있겠는가? 복음을 전한다는 한 가지 이유 때문에, 40년의 옥살이를 하고 나온 짜오 시몬은 그 모진 고난을 겪고도 주님을 사랑하는 마음이 변하지 않았고, '백 투 예루살렘' 운동에 대한 열정도 식지 않았다. 그가 당시 일들을 간증할 때 청중들은 넋 나간 사람들처럼 큰 충격을 받고, 다들 자리에 못 박힌 듯 앉아 쩍 벌어진 입을 다물지 못했다. 뺨을 타고 흘러내린 눈물이 바닥으로 뚝뚝 떨어졌다.

주님이 복음 전도에 대한 비전으로 그를 부르셨을 때, 그는 결혼한 지 4개월밖에 되지 않았다. 아내가 임신한 채 그들 부부는 함께 체포되어 옥에 갇혔다.

감옥생활이 힘들어 아내는 유산하고 말았다. 그 시절은 수많은 선교사들과 회심한 중국인들이 공산당의 손에 학살당하는 때였다. 1948년 투옥된 후 그는 아내를 처음 몇 개월 동안 두 차례 보았는데, 그것도 감방 쇠창살을 통해 먼 발치에서 바라보았을 뿐이었다. 그 후 그는 아내를 다시 보지 못했다. 40년의 옥살이를 하고 출감해서 보니, 금쪽 같았던 그의 아내는 죽은 지 이미 오래 되었다. 청중들은 엉엉 울음을 터뜨렸고 주님 앞에 거룩한 땅 위에, 서 있다는 느낌을 받았다. 그는 강제노동수용소에 갇혀 있던 40년 동안 밤마다 예루살렘이 있는 서쪽을 바라보며 주님께 부르짖었다. 그들이 가지 못하는 예루살렘을 다음 세대가 복음 들고 갈 수 있게 해달라고 말이다.

성자 같은 그 노인의 간증을 듣고 '백 투 예루살렘'의 비전을 이어받겠다고 다짐한 사람들이 있었고, 그들이 모임을 갖고 외국으로 파송할 선교사 숫자를 각 분파별로 계산하여 합산해 보니 10만 명이나 되었다. 이보다 훨씬 전에 어느 중국 지하교회 지도자가 주님께로부터 받은 계시가 있었다.

"나는 너를 감옥에서 탈출시키고 중국에서 빼낸 것과 마찬가지 방법으로 중국 땅에서 내 자녀 10만 명을 이끌어낼 계획이다. 그들은 아시아 각처로 가서 내 증인이 될 것이다."

얼마나 정확한 계시인가? 앞으로 중국 선교사 10만 명이 실크로드에 접해 있는 이슬람, 불교, 힌두교의 아성을 무너뜨리고 복음을 들고 예루살렘까지 가는 선교행진을 하게 될 것이다. 중국에서 고난받는 성도들은 이제서야, 과거 수십 년간 가정교회가 받은 고난과 박해와 고문이 90%의 미전도 종족이 모여 있는 실크로드 주변지역, 30억 가까운 사람들에게 복음을 전하기 위한 하나님의 훈련 프로그램인 것을 깨닫게 되었다. 주님은 중국 성도들을 선교사로서 무슬림, 불교도, 힌두교의 세계로 가기에 적합하도록 고난을 통해 다듬으셨다.

◈ 그리스도와 함께 고난을 받으라.

고난은 그리스도인이 살아 있다는 것을 보여주는 실존적 증거이다. 그리스도인은 고난과 시련을 통해서 그리스도 안에서 죽은 자신과, 그리스도 안에서 살아 있는 신비를 배우게 된다. 고난 저편의 영광이 없다면 누가 40여 년의 옥살이를 하겠는가? 말이 40년이지 온갖 고문과 비웃음과 짐승 이하의 인간 비하에 대한 모멸감을 그 오랜 세월 동안 견딘다는 것은 기적 같은 일이다. 철저하게 사회와 단절된 고립된 특수영역에서 매일 밀려드는 외로움과, 사랑하는 이들에 대한 그리움을 달래기에는 불가항력적 한계를 느꼈을 것이다. 사람이 살아가다 보면 억울한 누명도 쓰고, 이유 없는 고난을 당할 때도 있다. 그러나 그런 고난마저도 우리가 참고 견디기를 하나님은 바라신다.

사랑하는 자녀들이 고통을 당할 때 가장 마음 아파하시는 분은 우리의 하늘 아버지이시다. 마이스터 에크하르트는 하나님은 우리가 고통당할 때 우리와 함께 계시기 때문에 우리와 함께 고통당하신다고 하였다.

◆ 고난을 두려워하지 말라.

하나님은 고통을 당하시되 당신 자신의 방법으로 고통을 당하신다. 하나님이 원하신다면 우리 또한 고통 받아 마땅하다. 예수를 말한다는 이유로 고난받는 자들이 수없이 많지만 예수를 포기하겠느냐, 아니면 옥살이를 하겠느냐고 물었을 때 그 어느 누구도 예수를 포기하겠다는 사람이 없었다. 갓난아기를 떼어놓고 홀로 갇힌 여성도 예수를 버리지 않고 수

십 년씩 옥살이를 했다. 진정한 그리스도인은 고난을 두려워하지 않는다.

베드로는 "만일 그리스도인으로 고난을 받은즉 부끄러워 말고 도리어 그 이름으로 하나님께 영광을 돌리라"고 말한다 (개역, 벧전 4:16). 그리스도의 이름으로 받는 고난은 축복을 위한 면류관이다. 고난을 많이 받으면 받을수록 하늘의 영광은 그만큼 더 클 수밖에 없다. 우리는 생각을 바꾸어야 한다. 고난은 주님이 받으시고, 나는 영광만 받겠다는 발상은 아직 거듭나지 못한 이기주의적 생각이다.

우리는 욥의 신앙을 배워야 한다. 욥처럼 재앙까지 받겠다고 작정한다면 고난이 무엇이 두렵겠는가? 고난을 자청하는 것이 아니라, 고난받는 환경에 있게 되면 기쁜 마음으로 고난을 견디고, 감사하는 법을 배워야 한다는 것이 내 생각이다. 주를 위한 일이라면 가난이든, 고통이든, 그 어떤 환경이나 상황도, 기꺼이 달게 받겠다는 각오가 되어 있어야 한다는 것이다.

환난과 시련과 고통을 이겨낸 즐거운 경험이 없이는, 위대한 일을 성취할 수가 없다. 슬픔 가운데서 배웠던 영적인 교훈 없이는, 즐거움으로 성취할 수 있는 일이 하나도 없다. "하나님은 우리가 기쁨 중에 있을 때는 속삭이지만, 고통 중에 있을 때는 고함치신다"는 말도 있다. 주님은 가끔 그의 음성을 듣게 하기 위해서 우리에게 고통을 주어야 할 때가 있다.

시험이 즐거운 것은 아니지만 하나님이 그의 목적을 이루시도록 우리는 참을성 있게 고난을 감수할 수 있어야 한다. 우리가 그것을 원망하지 않는다면, 그 역경이 주는 고귀한 은혜를 깨달을 수 있을 것이다. 시련과 고난을 은혜로 받아들이는 사람은 잃음으로써 부해지고, 넘어짐으로써 일어나고, 자신을 죽임으로써 예수 안에서 새 생명을 얻게 된다. 이것이 고통의 이유에 대한 축복의 대답이다. 그러므로 우리는 그리스도의 고난에 참여한다는 생각으로, 인생의 모든 시련을 잘 견뎌야 한다.

고난을 두려워하지 않는 사람이야말로 그리스도의 영광에 참여할 것이며, 아버지 나라에서 해와 같이 빛날 것이다.

◆ 고난의 묵상에 대한 총평:

이 글을 쓰도록 인도하신 분은 주님이십니다. 미래 세계를 위해 위대한 일을 꿈꾸는 사람들에게는 반드시 거쳐야 할 과정 중 하나가 고난을 기쁨으로 견딜 수 있는 영적 자질입니다. 이것은 내게도 필요하고, 천국의 영광에 들어가고자 하는 여러분에게도 꼭 필요한 덕목입니다.

만일 짜오 시몬이 하나님이 허락한 시련을 견디지 못했다면 타이밍을 중요시하는 하나님의 일에 차질이 생겼을 것입니다.

이 세상에서 고난을 이기고도 천국에 들어가지 못한 사람은 하나도 없습니다. 고난 저편의 영광을 볼 수 있었던 사람들은 하나같이 고달픈 인생사의 모든 시련을 극복할 수 있었습니다. 그러므로 고난을 감사하며, 기쁨으로 견디고 있는 자는 새 예루살렘 시민권을 예약해 놓은 사람이라 할 수 있습니다.

9

천국에서의 성장, 발전, 진보

✎ 천국에서는 아이들이 성장할 때까지 양육하고 보살피는 곳도 있지만 어른들도 지적으로나 영적으로 끊임없이 발전하고 진보하는 곳입니다. 우선 아이들의 양육과 성장에 대해서 살펴보도록 합시다.

◆ 낙원에서 양육받고 성장하는 아이들

◆ 방문자—세네카 소디

나는 딸에게 말했다.

"나는 네 어머니를 곧 만나게 될 것으로 믿는다. 나는 자주 네 어머니 안부를 묻고 있다. 네 어머니는 낙원의 좀 먼 곳에서 최근에 왔으나 이 성의 영광을 위하여 준비되지 않은, 한 그룹의 젊은이들을 돕느라고 붙들려 있다는 것을 알고 있다. 지금 바로 그들을 떠날 수 없단다."

"그래요. 저는 어머니가 계신 곳을 잘 알고 있어요. 가끔 만나러 가곤합니다."

그때 메리 할머니가 말했다.

"네 시체 옆에 매장된 많은 다른 무덤들 가운데 우리는 네 작은 무덤을 잃어버렸단다. 그러나 우리는 네가 없어지지 않았다는 것을 알고 있었다. 네 어머니는 네가 알지 못하는 것을 네게 말해 주었을 것이다. 그러나 내가 언제 기회 있을 때 모든 것을 말해 주겠다"(파라다이스 방문기/ p. 173).

모든 어린이들은 낙원의 예비적인 집에서 상당한 기간 동안 양육과 보살핌을 받고 어느 정도 성장하면 도성으로 들어오는 특권을 가지게 된다(p. 165).

아이들은 곧 천국에서 성숙하게 자란다. 나는 세상의 어머니들에게 말하고 싶다.

"친애하는 세상의 어머니들이여, 수년 전에 당신을 떠난 당신의 어린이는 이제 남자 또는 여자로서 완전하게 성숙하여 금으로 된 하프를 가지고 즐겁게 노래하며 하나님을 찬양하고 있습니다!"(p. 163).

◆ 방문자─메리 백스터

수정처럼 빛나는 수영장 주위의 잔디밭에는 대리석으로 된 의자들과 윤기가 나는 벤치들이 있었다. 어디를 둘러보아도 천진난만하게 놀고 있는 어린이들로 가득 차 있었다. 어린이들은 모두 하얀색 세마포와 신발을 신고 있었으며, 세마포 옷은 빛나는 밝은 빛을 띠고 있었다. 천사들은 어린이들을 돌보고 있었으며, 어린이들의 모든 이름은 생명책에 기록되어 있었다.

어린이들은 천사학교에 입학하여 하나님의 말씀을 배우고, 음악도 배우며 시간을 보내고 있었다. 각종 동물들이 어린이들 옆에서 같이 놀고 있었다. 천국에는 눈물과 슬픔, 근심과 고통이 없다. 모든 것이 최고로 아름답다. 즐거움과 행복으로만 충만할 뿐이다(정말 천국은 있습니다/ 은혜출판사/ p. 186).

◈ 지적 및 영적인 성장과 발전

◆ 방문자—존 번연

나는 천국에서 어머니를 만나 천국에서는 시간을 어떻게 보내느냐는 질문을 했다. 어머니는 "이곳에서는 시간을 보낸다는 개념이 없다"며 다음과 같이 긴 설명을 해주셨다:

네 질문에 대해서는 영원의 세월만이 대답이 될 수 있을 것이다. 이곳에서 우리는 영원의 세월 속에서도 해야 할 일이 많단다. 그 일이 너무나 마음에 맞고 즐거워서 하면 할수록 기쁨이 늘어만 간다. 영혼에게 지식보다 더 즐거움을 안겨주는 것이 어디 있겠나? 이쯤 되면 우리가 이곳에서 개척해야 할 분야가 얼마나 광활한지 너도 짐작할 수 있을 것이다. 그런데, 우리는 지식이 증가하면 할수록 그것을 창출하신 하나님을 사모하는 정서도 증가한다. 이곳에서 어떤 대화를 나누든 성삼위 하나님을 높여 찬송하고 앙모하는 방향으로 전개된다는 것이 이곳에서 우리가 특별히 누리는 행복이다.

아랫세상의 자연 만물에 찬란히 빛나는 하나님의 기이하신 솜씨들 가운데 여전히 감춰져 있는 것이 얼마나 많은가? 그것들이 어떻게 해서 존재하게 되었는지 잘 모르지만, 그래도 확실히 존재한다는 것만은 다들 알고 있지 않느냐?

엄연히 존재하는 것들조차 그것들이 존재하게 된 은밀한 내막을 설명하기란 쉽지 않다. 이런 것들을 이곳에서는 다 알 수 있다. 그 은밀한 원인들이 우리 눈앞에 밝히 나타나 있어서, 그것 역시 우리를 지극히 겸손하게 만들어, "그의 묘략은 기묘하며 지혜는 광대"하신 분을 다시금 찬송하게 된단다(사 28:29).

천체의 엄청난 규모와 기이한 조성도, 아랫세상의 천문학자들은 그 원인과 결과를 다 알지 못하면서도 아는 듯이 행세하고 있다. 그러나 이곳의 복된 영혼들은 소상히 배워서 알고 있으며, 하나님이 행하신 기이한 일들로 인하여 하나님을 크케 찬양하고 있다.

　　우리가 단순히 직관만 사용하여 이런 지식을 갖게 된 것은 아니다. 그보다는 분석 기능을 충분히 발휘하여 지식을 더욱 쌓아간다. 물론 직관을 부정하는 것은 아니다. 아랫세상이었다면 오랜 세월에 걸쳐 차차 알 수 있을 만한 일도, 이곳에서는 한번 바라보아 알게 되는 것들이 있기 때문이다. 우리가 신속히 이동할 수 있다는 사실도 직관에 적지 않게 도움이 된다.

　　그러나 지식을 얻는 것으로 그치지 않고, 하나님의 전능하신 섭리의 역사와 그분이 만사를 주관하고 다스리시는 기이한 지혜가 이곳의 우리에게는 끊임없는 묵상의 주제가 된다. 사물을 보고 깨달을수록 우리에게 행복을 주시는 크신 분의 영화로운 이름을 드높이게 된다.

　　나는 그런 묵상을 통해서 이루 말할 수 없는 기쁨을 느끼는 경우가 많다. 아랫세상에 살 때는 허영이 마음을 덮고 있어서, 사물을 바라보아도 본연의 아름다움을 다 놓치고, 흐릿하게밖에 볼 수 없었지. 멀리 있는 것은 아예 볼 엄두도 내지 못했다. 그러나 이젠 지적 기능들이 확대되고 온전해져, 과거에는 불완전하게 바라볼 수밖에 없었던 것을 이제는 원만하게 볼 수 있으니 얼마나 기쁘고 즐거운지 모르겠다.

아랫세상 사람들이 자신들의 좁은 생각에 갇혀서, 그 안에서 욕구를 충족시키려고 노력하는 모습을 현재 우리의 모습과 비교해 보면 위대하신 창조주의 지혜를 드높이지 않을 수 없다(천국과 지옥/ p. 118-120).

◆ 방문자—세네카 소디
나는 천국에서의 성장과 발전에 대해서 어머니와 계속 대화를 나누었다.

"어머니, 제 아이를 제게 데려다 주셔서 정말 기쁩니다. 그런데 어린 유아의 성장에서부터 내 앞에서 지금 내가 보고 있는 이런 성숙과 발달까지 천국에서의 성장과 발육의 법칙에 관한 것을 좀 말씀해 주시겠어요?”

“좋아. 생명나무들이 인간 영혼의 모든 필요한 것에 적합한 열두 종류의 과실을 맺는다는 것을 너는 이미 알고 있다. 이곳에서는 기회의 부족 같은 것은 없다. 이것은 지식과 교육의 수단이 각 영혼의 발육에 따르는 수요에 맞추어 이곳에서 풍부하게 제공되기 때문이다.

“그러나 각자의 성장과 발육이 그 자신의 노력에 아주 많이 달려 있다. 하늘에도 소수의 게으른 사람들이 있다. 그래서 생명을 형성하는 기간 동안에도 세상에서 발육된 인격의 특성이 쉽게 변하지 않고, 어느 정도는 그 독특한 특성을 지니고 있다.

“만일 어떤 개인이 그의 지상 생활에서 경솔하고 게으른 사람이었다면, 동일한 경향이 이곳에서도 계속될 수가 있다. 그러나 어린아이들을 포함하여 모든 천국 시민들 가운데 완고하거나 고집센 영혼은 없다. 누구나 다 하나님과 훌륭한 조화 속에서 머리를 숙이기 마련이다. 그러나 어떤 영혼은 다른 영혼들보다 신속한 발육을 하는데, 그것은 그들 자신의 노력과 능력에 달려 있다.

"그들은 자신들을 모든 교육 수단에 적응시키고, 나무의 열매들을 지혜롭게 나누어 먹으면서, 천국의 발육 방침에 따라서 움직인다. 유사한 법칙이 땅에서와 같이 이곳에서도 효과를 나타낸다. 참으로 자연법칙이 영의 세계에까지 미치고 있다.

"우리 영혼들은 지성적으로 성장, 발육하는 것을 결코 멈추지 않으며, 영원한 실재들에 대한 이해를 넓히고 있다. 천국에는 우리의 위대하신 아버지의 충만을 향한 영원한 진보가 허용되는 숭고한 완전함이 있으며, 우리 모두는 아버지의 형상으로 있단다. 그러나 세상에서와 같이 천국에서도 우리의 많은 의무와 사랑의 노동이 서로를 위해 있으며 또한 언제나 그럴 것이다."

"잠시 동안 헤어진 사람들은 그들이 세상에서 이별할 때에 저희를 알고 있었던 것처럼, 서로를 보고 잘 알아보겠군요."

"오직 하늘나라 상태와 세상의 상태 사이의 상이점은 아주 동일하다. 그러나 어린아이가 갓난아기 때 천국으로 데려

가지고 부모가 세상에 남겨진 경우 그 부모는 그 아이를 유아로 만나지 않고, 네 딸과 같이 성숙하게 되어 만날 것이다."

"잘 알겠습니다. 만일 그들이 아주 어린 유아들인 채 남아 있어야 한다거나, 또는 교육받지 못한 어린아이들로 남아 있게 된다면 그것은 큰 불행이 되겠군요"(파라다이스 방문기/ p. 173-175).

영혼의 성장과 발전은 끝이 없는 듯했다. 인간이 무한한 완전함에 접근해 가고 있지만, 아직은 하나님의 완전함에는 결코 미칠 수 없다는 것이 인간의 한계이다. 보좌의 위엄은 참으로 형언할 수가 없었다. 우리가 보좌를 위하여 은혜스럽게 준비되었음에도 불구하고, 아직 우리는 우리 주변 광경에 너무나 위압되었기 때문에 말하거나 생각하는 것조차도 알지 못했다(p. 305).

◆ 영원 세계에 대한 안내:

아이반 터틀은 천국에 가면 두뇌가 열려서, 백과사전도 들여다보면 1초가 안 돼서 그 내용을 다 알게 된다고 말했습니다. 이런 영혼들이 수백 수천 년도 아니고, 영원토록 하나님을 연구해도 그 신비를 다 알 수 없다면 인간이 아무리 성장하고 발전해도 결코 하나님의 완전에는 미칠 수 없는 한계를 가질 수밖에 없습니다. 그만큼 하나님의 세계가 깊은 신비의 차원임을 말해 주고 있습니다. 그래서 천국에는 연구할 것도 많고, 할 일도 많다는 뜻이니 흥미거리가 없어 심심하거나 지루할 겨를이 없습니다.

천국은 영원토록 감동을 주는 것들로 가득 차 있습니다. 그곳은 언제나 박진감 넘치고, 숨이 넘어갈 정도로 아름답고 매력 있어, 탄성을 지를 수밖에 없는 우주 최고의 유토피아입니다. 심령 깊은 곳에서 항상 생명력이 분출하는 다이나믹한 세계로 여러분을 안내할 수 있어 기쁘게 생각합니다. 나와 함께 천국을 탐방하는 여러분 모두를 사랑하고 축복합니다. 감사합니다.

10

여러 종류의 천국 집들

✎ 천국에는 여러 종류의 집들이 있습니다.

천국 집에 대해 여러 측면을 살펴보도록 합시다. 임종 때 주님을 구주로 영접하고 구원을 받아 천국에서 즐겁고 행복하게 산다는 사람의 이야기를 들으면 다행이라는 생각이 듭니다. 만일 생의 마지막 순간에 자신의 영원한 운명을 바꿀 기회를 놓친다면 어떻게 될까요? 생각만 해도 소름이 끼칩니다. 잠시도 끊이지 않는 끔찍한 지옥 고통 속에서 만 가지도 넘는 형벌을 영원히 받는 가족이나 친구를 생각하면 슬퍼서 잠이 오지 않을 것 같은데, 오늘날 교인들이 영이 죽어 있어 그런지 자기와 상관없는 일처럼 무관심한 태도를 보이는 것에 나는 너무나 큰 충격을 받고 있습니다.

성도들의 또 다른 슬픈 측면은 상급에 관심이 없다는 점입니다. 천국에 집 한 채 마련하지 못했어도 즐겁고 행복하게 노래하며 살 수 있는 천국이라면 죽도록 충성하며 교회 생활을 할 필요가 없고, 적당히 세상을 즐기며 살아도 될 것처럼 안일한 생각을 하는 사람들이 많다는 데 놀라움을 금할 수 없습니다. 값싼 예수를 믿기로 작정한 사람들이라 하더라도 계속되는 천국 메시지를 읽고 마음이 바뀔 소망합니다.

◈ 천국은 현재 공사 중이다.

◆ 방문자—김종원 목사

　천사들이 구원받은 성도들을 위하여 집을 짓고 있었다. 천국에는 이미 완성되어 구원받은 성도들이 생활하는 집들이 수없이 많았다. 내가 천국을 여섯 번 보았지만 그때마다 같은 장면을 반복해서 많이 보여주셨는데 특히 천사들이 집을 짓고 있는 장면을 많이 보여주셨다.

　이 장면을 본 후 나는 이 땅에 살고 있는 성도들에게 앞으로 자신들이 천국에 가서 살게 될 집을 크게, 그리고 아름답게 지어야 한다는 것을 알려야겠다는 생각을 하게 되었다.

　천국에는 완성된 집이 있는가 하면 어떤 집은 건축 중에 있으며, 또 어떤 집은 기초공사만 하는 집도 있었고, 또 다른 곳에는 집을 짓기 위해 준비된 굉장히 넓은 공터도 있었다.

　어느 한 집을 보았다. 이 집은 외부공사가 끝나고 내부공사까지 마친 상태였다. 우리 식으로 표현하자면 살림살이가 다 준비되어 있는 집이었다. 하지만 이 집은 비어 있었다. 집문 앞에는 마치 군인들이 성을 지키듯 흰옷 입은 천사들이 큰 성 같은 이 집을 관리하고 있었다.

또 다른 한 집을 보았다. 이 집은 90%가 완성된 집이었는데 수많은 천사들이 동원되어 부지런히 온갖 황금 보석으로 구조변경을 하듯이 더 크게, 더 빛나게 각종 보석으로 확장하는 중이었다(뷰티풀 천국, 쇼킹 지옥/ 베다니 출판사/ p. 39-40).

□ 공사가 중단된 집도 있다.

◆ 방문자─김종원 목사

우리가 사는 이 땅의 건축 표현을 빌린다면 이 집은 바닥공사를 마치고, 크고 작은 여러가지 기둥들이 많이 세워져 있고, 슬라브 공사가 끝난 상태같이 보였다. 비록 건축은 중단된 상태였으나 건물 외형만 보아도 이 집은 엄청 크고 웅장하며 아름다운 건물을 짓기 위해 건축이 진행된다는 생각이 들었다.

우리가 시골을 가다 보면 낮은 언덕배기에 짓다가 만 큰 건물을 종종 보게 되는데, 이것을 연상하면 이해가 될 것이다.

그러나 천국의 건축 현장은 이 땅의 건축 현장처럼 어수선하거나 지저분한 곳은 없었다. 왜냐하면 모든 건축자재가 온갖 종류의 보석들이고, 또 천국은 빛 되신 하나님의 통치와 지배를 받는 곳이기 때문이다.

그래서 그 어디에도 무질서가 존재하지 않았다. 하지만 천국 건축 현장에서 중단된 건물을 바라볼 때 내 마음에 눈물이 날 정도로 아픔이 있었다. '저 집 주인은 누구였기에 저렇게 웅장하고 아름답게 지어가던 천국 집이 중단되었을까? 혹 내가 알 수 있는 사람이라면 절대로 천국 집을 중단해서는 안 되며 반드시 다시 지어져야 된다'는 것을 전해주고 싶은 마음이 간절했다. 건축이 중단된 이 집은 천사들이 관리하고 있었다.

이런 내 마음을 아시고 주님이 안타까워하시며 말씀하셨다.
"사랑하는 종아, 고맙구나! 이 집 주인은 교만에 빠져 죄를 짓고 나를 멀리하였다. 지금은 악한 영의 지배를 받아 데마처럼 세상이 좋아 세상길로 갔느니라."

나는 이 장면을 보면서 우리가 이 땅에 사는 동안 딱 한 번밖에 없는 삶인데 이 기회를 놓치지 말고 천국 집을 짓는 일에 열심을 다해야겠다는 다짐을 하게 되었다. 천국에는 건축하다 중단된 집들이 많기 때문이다(p. 90-91).

□ 이름이 지워진 집도 있다.

◆ 방문자─김종원 목사

나는 이 집을 멀리서 보았다. 온갖 황금 보석으로 꾸며진 광채나는 집이었다. 이 집은 하나의 큰 성이었는데, 인터넷이나 관광 안내 책자에서 보았던 프랑스 베르사이유 궁전과 비슷한 모양의 집이었다. 집 내부는 볼 수 없었지만 외부는 온갖 보석과 다양한 모양으로 조각되어 있었다. 지붕에서부터 외벽까지 많은 황금 보석이 빛을 받아 반사되어서 이 집을 바라보는 내가 제대로 눈뜨고 쳐다볼 수 없었다.

너무 아름다운 이 집을 보면서 이런 느낌이 들었다. "이 집에서 반사되는 저 광채조차 빛 되신 하나님을 찬양하는구나! 보좌에 계신 하나님께 영광을 올려드립니다."

이 집을 보면서 '나도 천국에서 저런 집에 살면 참 좋겠다' 고 부러운 생각이 들었다. 그때 주님께서 내게 말씀하셨다.

"사랑하는 종아, 저 집을 자세히 보아라."

내가 그곳을 바라보자 마치 카메라에 부착된 줌 렌즈처럼 시야가 확대되어 이 집의 성문이 보였다. 성 입구는 천사들이 관리하고 있었다. 성문 오른쪽 위에 황금 문패가 붙어 있었 다. 그 이름은 알 수 없었지만 문패에 최 아무개라고 하는 누 군가의 이름이 적혔다가 지워져 있었다.

이것을 보는 순간 나는 너무나 겁이 나고 두려운 마음에 꼼짝할 수가 없었다. 이때 인간의 성품을 지니신 주님이 안타 까워하시며 말씀하셨다.

"이 집 주인은 목회자였으나 내 제자였던 가룟 유다같이 나를 버리고, 교만과 욕심 때문에 악한 영의 지배를 받아 지 금은 지옥에서 고통을 당하고 있다"(p. 83-84).

◆ 천국 집에 대한 총평:

천국 집의 여러 가지 측면들을 살펴봤습니다. 4권에 소개된 어떤 집은 그 규모가 어마어마한 큰 궁전 같은 집이었습니다. 아직 이 땅에 살고 있는 사람을 위해서 500명의 천사들이 관리하는 집이 마련되어 있다는 사실이 놀랍기만 했습니다. 그리고 본서에 소개된 어떤 집은 큰 궁전 같은 집을 지으려고 기초공사까지 마쳤는데, 그 집 주인이 세상이 좋아서 배도하고 세상 길로 갔기 때문에 공사가 중단되었다는 서글픈 소식에 마음이 무거웠습니다. 그리고 교회 다니다 말고를 반복하다가 죽을 때 눈물로 회개하고 예수님을 구주로 영접하여, 천국에 간 김 아무개라는 성도에 대해서는 다소 설명이 필요한 부분인 것 같습니다.

김 아무개라는 사람은 낙원에서 교육을 받고 있는 중이라고 할 수 있습니다. 낙원에 있는 사람들은 여러 교육시설에 수용되어 교육을 받기 때문에 주님을 섬긴 업적에 따라 수용시설의 규모와 질은 다를 수 있어도 자기 집 개념은 없을 것으로 보입니다. 자기 집은 도성 안에 들어가서 상급에 따라 받게 되기 때문입니다. 천국은 하나님의 영광이 비치는 곳이라 그 어느 곳에서나 즐겁게 기쁜 마음으로 살 수 있다는 것이 특징입니다. 그는 아직 도성 안으로 들어갈 수 없습니다. 지금으로서는 들어간다고 해도 도성의 빛을 견딜 수 없기 때문입니다.

제일 안타까운 것은 천국에 으리으리한 집을 지어놓고도, 교만과 욕심 때문에 악한 영의 도구로 살다가 지금 지옥에서 고통을 받고 있다는 부분이었습니다. 주님의 능력을 받아 수많은 사람들의 병을 고치고, 수천 수만 명의 영혼들을 구원했을 때는 천국에 큰 궁전 같은 집을 지을 수 있었을 것입니다.

우리 주변에 주님이 주신 은사를 자신의 능력으로 착각하는 사람들이 많습니다. 이런 목회자들이 영적 권세를 마구 휘두르면서 사람들에게 신적 수준의 숭배를 강요하며 하나님처럼 높아지려고 교만을 떨다가, 사탄의 올무에 걸려 지옥으로 갈 처지에 놓여, 우리를 안타깝게 하고 있습니다. 능력 받은 목사님이 지옥에 있다는 소식은 남의 일 같지 않아 목회자들에게 큰 충격을 주고 있습니다. 그가 천국에 지어 놓은 집에는 이미 그의 이름이 지워진 상태입니다. 주의 종은 아무리 큰 능력이 임해도 낮은 자리에서 섬기는 종으로 살아야 하늘의 영광에 이를 수 있다는 것을 명심할 필요가 있습니다.

11

악한 영들의 집요한 공격

     ✎ 4권에서 살펴본 대로 목회자가 거짓과 위선으로 살면 사탄의 노예로 전락하여 흑암의 세력에 사로잡히게 됩니다. 만일 어두움의 영역에서 벗어나려고 몸부림치면 사탄의 끊임없는 공격을 받습니다. 위선적 이중생활을 하는 목회자 이야기를 다시 들어보도록 하겠습니다.

◆ 방문자—마리에타 데이비스

과거에 목사였던 사내에게 신도 중 한 사람이 손가락질을 하며 말했다:

"당신이 여기서 지내는 것은 규칙을 지키지 않았기 때문이오. 스스로의 영광이 너무 좋았던 거지! 당신의 믿음은 회칠한 무덤처럼 위선적이었소. 겉모습은 번지르르하지만 마음에는 탐욕과 교만뿐이오. 교활한 생각으로 가득 차 있소. 죽은 자의 뼈와 편견에 사로잡힌 냉정한 신학자와 목사들의 유산으로 넘쳐나고 있소. 당신이 조물주를 저주할 수는 없소."

그가 조롱하며 비웃었다.

"이곳은 자업자득이오. 당신이 아무 생각 없이 설교했던 성경 구절을 내가 인용해 보겠소. 잘 들으시오. '자기의 육체를 위하여 심는 자는 육체로부터 썩어질 것을 거두고'(갈 6:8), '죄의 삯은 사망이요'(롬 6:23)— 여기서는 이 성경 구절들이 아주 크게 울려퍼져서 어디에 있는 영혼이든지 다 듣고 있소. 몸 전체로 실감하고 있단 말이오. 더 나쁜 것은 이곳이 암울

하다 보니, 그게 극대화된다는 것이오. 우리에게 이런 죄를 저질렀소. 우리는 하나님의 법을 어겼기 때문에 고통을 받고 있는 것이요."

사내는 거침없이 말하다가 몸을 떨기 시작했다. 그는 점점 더 불안에 사로잡혔다. 그와 청중들이 바닥에 쓰러졌다. 그러자 그들은 개인이 아닌 것처럼 서로 뒤섞이기 시작하면서, 불안에 떠는 한 덩어리의 생명체로 바뀌었다. 그들 위로 두꺼운 구름이 솟아올랐는데, 너무 두꺼워서 그 밑에 있는 생명체의 일부처럼 보일 정도였다.

그 광경은 감당하기가 쉽지 않았다. 이 두려운 장면을 더 견딜 수 없어 내가 뒤로 물러서면서 소리쳤다.

◆ 하늘의 음성

"자비하신 하나님은 어디 계시나요? 이런 모습을 보시고도 저들을 그냥 내버려 두실 건가요?"

"물론이다."

위쪽에서 음성이 들렸다.

"물론 자비하신 하나님은 존재하신다. 하나님은 죄인들을 살피시고, 그들을 더할 수 없는 사랑으로 돌보신다. 너도 성경 말씀을 읽어보지 않았느냐? '하나님이 세상을 이처럼 사랑하사 독생자를 주셨으니 이는 그를 믿는 자마다 멸망하지 않고 영생을 얻게 하려 하심이라'"(요 3:16).

음성이 슬픈 투로 바뀌었다.

"온 세상을 구원하려고 하지만 그리스도인들이 죄인들에게 그 소식을 알리고 호소해도 무수히 거절했다. 그리고 수없이 많은 사람들이 믿음을 갖고 있는 것처럼 보여도 구속(救贖)에 대해서 잘못 알고 있다. 아직도 지상에는 죄 때문에 슬퍼하는 이들이 있지만 그들 가운데 대부분은 변하지 않을 것이다. 그들은 정결과 사랑의 법을 어겼기 때문에 말할 수 없는 고통을 겪을 것이다."

위쪽을 올려다보아도 그 음성이 어디서 들려오는지 가늠할 수 없었다.

"마리에타, 두려워해서는 안 된다. 하지만 지금까지의 일들을 알고 있어야 한다. 죄가 사람들에게 초래하는 고통 가운데 겨우 일부만 목격했다는 사실도 잊어서는 안 된다. 영적인 고통은 상상을 넘어선다. 네가 지금 목격한 것들로는 실상을 제대로 파악할 수 없다. 내가 설명하겠다."

음성이 계속 이어졌다.

"위대한 지성을 갖춘 영혼은 적그리스도의 영을 대표한다. 그는 합리적인 것처럼 보이는 주장으로 너를 혼란에 빠뜨리려고 했다. 하지만 그 모든 것 뒤에는 불화, 자기사랑, 배반, 잔악함, 불순한 욕구, 탐욕, 살인, 하나님과 구원의 은총에 대한 부인, 그리고 신성모독과 무례함까지 함께 자리잡고 있다. 그는 너를 속이려고 했다. 하나님의 사랑의 지배를 받지 않는 자들에게 일어나는 일들을 감추려고 했다. 하지만 실패했고, 그래서 그리스도만이 죄의 영향으로부터 구원할 수 있다는 것을 알게 되었다. 그리스도 이외에는 전혀 무익할 따름이다."

□ 거짓 교사와 가짜 신자들

음성을 통해서 내가 겪은 일들의 실상이 드러나기 시작했다.

"너는 강단에서 거짓교사와 위선적인 신앙의 고통스런 결과를 목격했다. 그를 마주한 사람들은 십자가의 이름을 경배하면서도, 하나님을 진정으로 경외하지 않았다. 겉모습은 예배를 하고 있었지만, 생각은 멀리 떨어져서 스스로를 만족시키는 종교생활을 하고 있을 뿐이었다. 그들은 좋은 평가만 기대하는 거짓교사를 선택했고, 그래서 거짓선생은 그들의 기분을 맞추려고 노력한 것이다. 거짓교사를 책망한 영혼은 그를 잘못 믿었지만 자신들의 영적 행복에는 관심이 없었다.

"네가 목격한 이런 갈등은 그런 종류의 사람들에게는 흔한 일이다. 그들은 서로 자신들의 죄를 비난한다. 이 영혼들은 실제로는 정의가 성취되었다는 것, 즉 자신들이 그런 처지에 있는 것은 하나님의 법을 어겼기 때문이라는 사실을 인정한 것이다. 사람들은 자신들의 잘못을 철저히 깨닫고 하나님이 선하다는 것을 알고 있다. 어리석음에서 벗어나서 하나님의 법을 따르는 이들은 이것을 쉽게 파악하게 된다."

나는 거짓교사가 겪은 고통의 이유가 궁금했다.

"너는 거짓교사가 자신의 진정한 과거에 관해서 듣는 순간 고통스러워하는 것을 목격했다. 그는 지상에서 그릇된 욕구를 추구하는 이들이 무슨 일을 겪게 되는지 보여준 것이다. 그들은 결국 이곳에서 오래된 친구들을 다시 만나서 죄를 짓고, 서로 비난하고, 하나님의 진리를 따르는 게 옳았다고 말한다. 그들이 마지막에 쓰러져서 하나의 덩어리가 된 것은, 죄가 어떻게 이끌리는지를 보여준 것이다. 비슷한 성격과 욕구를 지닌 사람들은 서로 이끌리기 마련이다. 그런 사람들이 더 많이 모이면 죄의 지배 세력도 함께 강해진다. 그래서 영혼들은 서로 상처를 주고받게 되는 것이다.

"그들 위에 있는 두꺼운 먹구름은 거대한 경기장을 가득 채운 영적인 불화를 상징한다. 마리에타, 이 장면은 '만일 맹인이 맹인을 인도하면 둘이 다 구덩이에 빠지리라'는 말씀을 설명하고 있다(마 15:14). 그것이 바로 여기서 벌어지고 있는 일이다."

음성이 잠시 멈추더니 엄숙해지면서 계속되었다.

"마리에타, 이 모든 일을 충분히 목격했으니 잊어서는 안
된다. '죄의 삯은 사망이요'라는 말씀(롬 6:23)을 결코 잊어서
는 안 된다"(천국에서 보낸 9일/ 브니엘/ p. 77-81).

◆ 나의 주관적 평가—한편의 거대한 역사 드라마:

부흥회에서 회심을 하고 신앙생활을 시작했지만, 선데이
크리스천에 불과한 마리에타를 부흥회 기간 중에 9일간의 혼
수상태에서 천국과 지옥을 경험하게 함으로써, 참 그리스도
인으로 변화시켜 천국의 영광에 들어가게 하시려는 하나님의
거룩한 목적에서 '거짓교사'의 이야기가 비롯되었지만, 이것은
단순한 마리에타 한 사람을 교훈하기 위한 것이 아니라, 적그
리스도의 출현을 앞둔 마지막 시대의 배교하는 교회의 실상
을 드라마틱하게 보여준 것이라 여겨집니다.

연출자이신 하나님이 이 〈역사 드라마〉의 시기를 인류의
역사가 끝나가는 '마지막 세대'로 잡았고, 장소는 '지옥 같

은 세상'이며, 무대는 절대진리를 부정하는 포스트모더니즘 (postmodernism)의 상징인 '타락한 세속 교회'요, 대본 작가는 어둠의 영이며, 주인공은 적그리스도를 형상화한 '거짓교사'로 지칭되는 가짜 목사요, 보조 배역들은 타락한 교회 신도들이고, 내레이터는 천사요, 방청객 대표는 마리에타입니다.

예수님의 재림이 가까운 시기에 오늘날 우리 시대의 타락상을 사실적으로 그려낸 경고성 역사 드라마에 소름이 끼칠 정도로 심령 깊은 곳에 울림을 주고 있습니다. 이것이 지구촌에 곧 닥치게 될 역사적 사실들에 대한 예시(豫示)요 징조이길 바랍니다.

□ 무저갱에서 올라온 악령의 세력들

◆ 방문자―메리 백스터

나는 짐승처럼 생긴 천사들이 독을 뿜으며 지구로 접근해

가는 것을 보았다. 지옥은 솟아오르는 불덩어리였다. 무저갱에서 나온 악령의 세력들이 지구를 시꺼멓게 물들여 갔다. 남자와 여자들이 무서워 소리를 지르며 언덕으로, 동굴로, 산속으로 도망을 치기 시작했다. 지구상에 전쟁이 발생했으며, 기근과 죽음이 번져갔다.

주님께서 말씀하셨다.

"하나님의 말씀이 다 성취될 때 지구의 끝이 올 것이다. 그날과 그 때를 아는 자는 없지만 결코 지체하지 않을 것이다. 어린아이같이 되지 않으면 결코 천국에 들어갈 수 없다. 내게로 오라. 내게로 와서 회개하고 죄사함을 받으라"(정말 천국은 있습니다/ p. 193, 200).

◆ 경고 메시지:

주님은 우리가 생각하는 것보다 빨리 올 것이라고 계속되는 경고 메시지가 들려오고 있습니다. 잘 준비하여 낙오하는 자가 없도록 합시다.

12

바울에 대한 정보와 기타 다른 천국 정보

✎ 우리는 천국 시리즈 4권에서 세네카 소디가 모세를 만나 그의 시체가 느보산 동굴에 묻힌 이야기와, 그가 하나님의 부름을 받고 엘리야와 함께 변화산에 왔다가 간 내용을 소개했습니다.

여기서는 소디가 사도 바울을 만나 그의 셋째 하늘의 경험에 대한 이야기를 듣고 보고한 정보와, 기타 다른 천국 방문자들의 천국 정보를 듣도록 하겠습니다.

◈ 사도 바울에 대한 천국 정보

◆ 방문자—세네카 소디

나는 다윗의 일행과 함께 수레를 타고 아이들의 집회 장소로 가고 있었다.

도중에 나는 내 옆에 앉아 있는 바울에게 말했다.

"당신과 여기 있는 것이 정말 좋습니다. 실감이 나지 않습니다. 우리는 미래에 관한 상상의 화판 위에 공상적인 그림을 그리곤 하였으나, 실제로 그것이 오늘처럼 현실이 된 적은 없었습니다."

"사람이 육체에 있는 동안에 그 영광을 상상하는 것은 불가능한 일이지. 주님께서는 내가 아직 세상에 있었을 때에 한 번은 나를 낙원으로 데리고 가셔서 천국의 영광을 보여주셨는데, 그 영광은 내가 묘사할 수 있는 능력의 범위를 벗어난 것이었다."

"그것에 관하여 세상에 있는 거룩한 말씀에 당신이 남겨놓은 글이 있어서, 저는 가끔 그 일을 기이히 여겼습니다"(고후 12:1-4).

"이고니아의 루스드라에 있었을 때에, 나는 돌에 맞아서 죽은 자로 취급되어, 성밖에 던져졌었다. 그러나 하나님께서 나를 일으키셔서 나는 형제들과 함께 그 성으로 다시 들어갔다(행 14:19-20).

"그러나 그날 밤에 주님의 말씀으로 들떠서 잠을 이룰 수가 없었다. 나는 일어나 홀로 기도하려고 성에서 나갔다. 나는 사화산인 옛 카라도흐의 비탈길을 올라갔다. 나는 크게 도움을 받고 있는 것 같았다. 한 천사가 항상 나의 손을 잡고 도와주고 있었기 때문이다. 그때 먼 산의 위쪽에서 하나님이 손수 끄는 빛나는 수레 하나가 보이더니 금방 내 앞에 나타났다.

"나는 하나님의 임재와 영광으로 황홀경에 빠졌고, 그 휘황찬란한 수레와 수레 운전자로 인하여 두려움에 사로잡히고 압도되었다. 그래서 내가 죽은 것인지 무아지경에 빠진 것인지 알 수 없었다. 그러나 나는 곧 그 수레 안에 녹초가 되어 누워 있는 나 자신과, 수레가 옛 산 위로 멀리 올라가고 있는 것을 알게 되었다.

"우리는 하늘의 기둥들 위로 올라갔고, 나는 곧 셋째 하늘에서 들려오는 음악 소리를 들었다. 몇 곡의 새로운 노래를 부르는 것도 들었다. 나도 따라 부르고 싶었지만 그럴 힘이 없었다. 나는 잠깐 눈을 뜨고 수정처럼 맑은 생명강을 힐끗 보았다. 그 강의 양쪽 둑에 있는 나무들의 신비를 공표하는 소리도 들었다. 그곳에서도 땅에서처럼 찬양과 설교가 있다는 것을 알게 되었다.

"오직 한 순간 머무른 후에 수레는 지구를 향하여 음속으로 달리고 있었다. 잠시 후 산기슭에 자리하고 있는 루스드라 옛 도읍의 도로들과 전경이 환하게 빛나는 보름달 달빛 아래서 아름다운 모습을 드러냈다.

"수레 운전자가 기쁘게 손을 흔들며 잘 가라고 작별인사를 할 때, 나는 수레에서 걸어나왔다. 그리고 수레는 눈 깜짝할 사이에 시야에서 사라졌다. 나는 카라도흐 꼭대기에서 거의 날이 밝을 때까지, 하나님께 기도와 찬양을 계속하였다. 나는 정말 육체를 두고 갔다온 것인지, 육체를 가진 채 하늘의 영광을 보고 온 것인지 알 수 없었다.

"그 후에 나는 다시 가서 그곳에 영원히 남아 그리스도와 함께 있기를 동경했다. 내가 하늘에서 들은 설교 말씀과 음악의 곡조는 영원히 잊을 수 없을 것 같았다. 내가 하나님께서 허락하신 많은 고통을 당하는 동안 그때의 경험은 내 생명의 활력소가 되었다"(엘우드 스코트/ 파라다이스 방문기/ 보이스사/ p. 158-161).

◈ 천국의 보석광산 정보

◆ 방문자─김종원 목사

천국은 어디를 가나 주님의 보좌로부터 흘러나오는 빛의 나라이다. 맑고, 깨끗하고, 거룩한 질서의 나라인 것을 알 수 있다.

내가 본 곳은 멀리서 볼 때 큰 산과 같은 곳이었다. 그런데 이 산에서 빛이 거울처럼 반사되어 비추는데, 도무지 이해가 되지 않아 한참을 머뭇거렸다. 좀 더 가까이 다가가 보니 크고 작은 바위같이 보였다. 그 바위 크기가 얼마나 큰지 이 땅에서는 볼 수 없는 규모였다. 이처럼 엄청나게 큰 바위가 황금보석 바위였다. 전부 색깔이 아주 다양했다. 우리가 흔히 말하는 빨주노초파남보 무지개 색깔을 띤 크고 작은 바위들이 빛을 반사하면서 끝없이 펼쳐져 있었다. 나는 영화의 한 장면처럼 보고 있었지만 너무나 눈이 부셔서 쳐다볼 수가 없었다.

이 황금보석 바위들은 너무나 아름답고 감동적이었다. 흰옷 입은 천사들은 군인들처럼 보석이 박힌 황금광산을 관리하고 있었으며, 또 다른 많은 천사들은 광부들처럼 무언가 일을 하고 있었다. 이 장면을 보면서 나는 이런 생각을 했다. '이렇게 많은 보석 바위들 가운데 내가 세상에 하나만 가지고 갈 수만 있다면 이런저런 일도 할 수 있을 텐데' 하고 말이다.

주님께서 그런 내 마음을 아시고 "사랑하는 종아, 믿음으로 받아 누려라!" 하고 말씀하셨다(뷰티풀 천국, 쇼킹 지옥/ 베다니출판사/ p. 101-102).

◈ 미래에 대한 천국 정보

◆ 방문자—아이반 터틀(Ivan Tuttle)

　천사는 내가 세상으로 돌아가서 해야 할 것들이 무엇인지에 대해서 몇 가지 말해 주었다. 그가 나에게 말했을 때 나는 내가 세상으로 돌아가서 해야 하는 일들에 대해서 전부 이해하고 알게 되었다. 하지만 나는 천국에 남아 있고 싶었다. 세상으로 돌아가고 싶지 않았다. 그 천사는 나에게 많은 것들을 말하고 보여주었다. 하지만 나는 하나님으로부터 그 비밀들을 당신과 나누어도 된다는 말씀을 듣기 전에는, 입 밖에 꺼내지 말라는 명을 받았기에 아직은 말할 수 없다. 그럼에도 불구하고 나에게는 당신과 나누고자 하는 몇 가지 이야기가 있다(천국과 지옥에 가다/ 예찬사/ P. 98-99).

　나는 천국에서 미래에 일어날 일들을 보았다. 나는 수백만의 사람들이 책상과 무릎에 놓고서 타이핑을 하며 서로 대화하는 듯한 모습을 보았다. 당신이 기억해야 할 것은 내가 70년대에 이 장면을 보았다는 것이고, 컴퓨터와 노트북은 당시에 존재하지 않았다는 것이다. 혹 어떤 소수의 사람들이 컴퓨터를 소유했을 수는 있다. 하지만 그들은 상류사회에 속한 극히 일부일 뿐이었다.

또한 전 세계 사람들은 큰 망이나 서로 얽힌 전선들을 통해서 소통하고 있었다. 이 모든 것들은 나에게 매우 생소한 것들이었다.

사람들은 이 기기들을 통해 서로 소통하고 대화했고, 상대방의 얼굴을 작은 TV 같은 것을 통해 보았다. 이때는 1978년이었기 때문에 이런 것들은 나에게 매우 생소한 것들이었다는 것을 기억할 필요가 있다.

사람들은 걸어다니면서 전화기로 대화하였다. 그 전화기는 선이 없는 것이었다. 그 후에 작은 기계들이 사람들의 귓속에 장착되었다. 시간이 더 흐른 후에는 사람들이 공중에 대고 대화했다. 나는 그들에게 장착된 기계들을 볼 수가 없었다.

그 후에 나는 귓속에 작은 기계가 심어지는 것을 보았다. 사람들이 통화할 때에는 귀의 뒷면을 살짝 건드리거나 귀밑을 만지면서 통화하고 싶은 사람의 이름을 말하면 그 사람과 통화할 수 있었다.

또 하나의 기기가 보였다. 그것은 소형 TV 같은 것으로서 매우 얇았다. 사람들은 걸어다니면서 그 기기에 대고 말하고 타이핑을 했다. 거리에는 이 작은 전화기와 납작한 TV를 들고 걸으면서 타이핑하고 대화하는 사람들이 많았다. 매우 많은 사람들이 진정으로 소통하는 방법을 잊어버렸다. 이것 또한 마귀가 사람들을 컨트롤하려고 하는 계획에 속한다.

이는 사람들이 말로 소통하는 방법을 망각하게 되면 하나님께 기도하는 것도 잊어버리게 될 것이기 때문이다.

마귀는 그들로 하여금 다른 사람들과 직접 소통하게 하는 대신 기계들을 갖고 놀도록 하는 것이다. 나는 또한 지구 위를 도는 구조물들을 보았다. 그 외에 다른 것들은 하나님으로부터 허락을 받을 때에 나누고자 한다(P. 101-103).

◆ 나의 견해:
하나님의 보좌에서 설교가 있었다는 바울의 증언은 그곳

이 교회임을 뜻합니다. 메리 백스터는 "경배하는 다른 무리들이 보좌 광장에 와서 하나님을 경배하기 시작했다. 수천의 목소리가 하나님을 높이며 찬양하기 시작했는데 이 놀랍고 웅장하며 영광스러운 소리는 내 온 몸을 전율케 했다"고 증언했습니다(정말 천국은 있습니다/ p. 131). 보좌 광장은 하나님의 보좌 앞에 있는 유리바다입니다. 보좌실과 유리바다 광장 전체가 교회입니다. 바울은 그곳을 멀리서 잠시 본 것이라 여겨집니다.

천국에 황금광산이 있다는 말에 고개를 갸우뚱거릴 사람들이 있을 것 같아서 말씀드립니다. 천국의 도로는 다 금으로 만들어져 있고, 빌딩과 주택도 금으로 만들어진 것이 많으며, 황금으로 만든 면류관, 자동차, 우주선 등등 수많은 것들의 재료가 금이라면 황금광산에서 천사들이 금을 채석하여 천국에 필요한 것들을 만든다는 것은 상식적인 문제라 이상하게 여길 이유가 하나도 없습니다.

메리 백스터도 "황금으로 만들어진 산"을 목격했습니다(내가 본 지옥/ p. 205). 어떤 이는 다이아몬드 산을 보기도 했습니다. 우리는 의심하기보다 무한한 천국 자원에 대해 자랑스럽게 여기며 이 모든 것을 우리를 위해 준비하신 하나님을 찬양하고 감사하는 마음을 갖는 것이 천국을 소망하는 사람들의 태도라 생각됩니다. 직접 가서 확인하는 기회가 있기를 소원합니다.

13

아브라함, 사라, 노아 이야기

✎ 성경 인물들의 이야기는 언제 들어도 재미있고
흥미진진합니다. 이것은 우리가 성경을 읽으면서 이들에게 친
숙해 있기 때문입니다. 우선 아브라함에 대한 이야기부터 들
어보도록 하겠습니다.

✡ 아브라함

◆ 방문자—손에스더; 내가 본 하늘나라:

  천사들이 빛나는 황금과 다이아몬드, 진주, 사파이어 등 수많은 보석으로 지어진 아름다운 성으로 우리를 안내했다. 푸른 언덕 위에 굉장히 크고 웅장한 성이 있었고 그 주변에도 수많은 성들이 있었다. 모두 아브라함의 집이라고 하였다.

  너무나 광대했기 때문에 나에게는 하나의 나라처럼 여겨졌다. 성 안으로 들어가니 마침 큰 잔치가 열리고 있었다. 연회장에서는 진귀한 음식들이 가득 차려져 있었고, 식탁에 둘러앉은 사람들은 즐겁게 담소를 하며 음식을 나누고 있었다(최성열/ 천국에 들어가기를 힘쓰라/ 190).

◆ 방문자—박소리

◆ 방문자의 소원을 들어준 아브라함:

  아브라함이 보고 싶다는 말을 꺼내자마자 내 앞에 아브라함이 황금 휠체어 같은 것을 타고 나타났다. 나중에 알게 된 것은 그것이 황금 보좌라는 것이었다. 일반 의자와는 달리 그것은 아래에 바퀴가 달린 것처럼 움직였지만 그 바퀴가 내 눈에는 보이지 않았다. 그 의자는 굴러가는 것이 아니라 '스르릉' 하고 미끄러지듯 나타났다. 아브라함은 하얀 머리에 하얀 수염이 있었고, 하얀 세마포 같은 옷을 입고 앉아 있었다.

아브라함은 나를 보자 의자에 앉은 상태로 나를 안아주었다. 아브라함을 보니 내 안에 절로 소원이 생겨 속으로 '저에게도 아브라함과 같은 믿음을 주세요'라고 하는데 아브라함이 내 마음의 소원을 알아차리고 "못 줄 것도 없지" 하고서 그의 심장을 꺼내어 내 심장에 넣어 주었다. 그의 심장은 황금돌같이 둥글게 생긴 것이었으며 회색빛 용암 같은 황금이라고 표현할 수 있을 것 같았다. 그 심장을 받는 순간 내 안에서 찬양이 저절로 우러나왔다—이 세상 험하고 나 비록 약하나...돌 같은 내 마음 곧 녹여 주소서~.

아브라함은 내게 심장을 주러 나타난 사람처럼 심장을 주고는 다시 '스르릉' 하고 사라졌다(천국여행/ 진주기획/ p. 18-19).

세 번째 아브라함을 만났을 때는 나도 모르게 그를 "아브라함 할아버지"라고 불렀는데 천국에서는 다들 그를 '할아버지'라고 부른다고 하였다(p. 112).

◆ 나의 소견:

천국의 영혼들은 장기라는 것이 없고 빛의 존재로 사는 사람들입니다. 그러므로 여기서 심장이라는 것은 소원을 들어주겠다는 마음의 상태를 은유적으로 표현한 것이라고 이해하면 좋을 것 같습니다.

◆ 방문자─구순연 집사

◆ 아브라함의 표정과 모습:

아브라함은 키도 크고, 덩치도 컸으며, 얼굴은 너무 인자하게 생겼다. 그분의 특징은 '온유'가 마치 뚝뚝 떨어져 흐를 것만 같은 분이셨다. 입가에 웃음이 떠나질 않았으며, 머리에는 황금면류관을 쓰고, 발에는 백금과 보석으로 수놓은 아름다운 신발을 신고 있었다.

◆ 아브라함을 만나게 된 경위:

생명수 강가를 지나다가 마침 물을 마시고 있는 사람을 만나게 되었다. 천사가 "저분은 믿음의 조상 아브라함이시다"라고 소개해 주었다. 아브라함은 껄껄 웃으며 나보고 오라고 하더니, 웃으면서 나를 포옹해 주었다. 그 느낌은 포근했으며, 마치 아버지의 품과 같았다.

◆ 아브라함과의 대화:

"아들 이삭을 어떻게 바칠 수 있었나요?"

"백세에 아들을 주신 하나님께서 내가 아들을 바쳐도 살려주실 것을 믿었다."

"이삭을 바치려고 했을 때 사라하고 의논하셨는지요?"

"너는 성경도 읽어 보지 않았느냐? 나는 어느 누구하고 의논하지 않고, 이삭을 데리고 모리아산에 갔다. 만약 의논했다면 사라가 반대했을 것이다. 그러면 이삭을 하나님께 바치지 못하게 되는 것이 아니겠느냐?"

"예, 알겠습니다."

그리고서 아브라함은 중요한 말을 하고 싶다고 하였다.

"인생을 살아가다 보면 어떤 경우에는 아내와 이야기를 해야겠지만 어떤 경우는 남편이나 아내에게 절대로 말하지 않고 오직 하나님의 명령대로 할 때가 있단다."

"예, 저는 하나님의 명령에 따라 꼭 복종하는 믿음의 사람이 되도록 노력하겠습니다"(천국과 지옥/ p. 112-114).

◆ 방문자―세네카 소디

◆ 아브라함의 여러 가지 설명:

소디는 아브라함을 자주 만나 여러 가지 이야기를 많이 들었다. 그 중 한두 가지를 소개하면 이렇다.

지상 성도들이 부활, 들림받는 사건, 재림에 대해 많은 관심을 갖고 있지만 그 정확한 시기는 알려져 있지 않으며, 장로들은 주님이 부활하셨을 때 부활하여 잠자는 자들의 첫 열매가 되었다(파라다이스 방문기/ p. 72-73).

종교는 인간의 마음과 생명 속에 계신 하나님과 관계되는 것이며, 그것은 하나님의 뜻에 대한 순종으로 자신을 씨뿌리듯 바치는 것이다(p. 267).

✡ 사라

◆ 방문자—구순연 집사

아브라함은 자기 아내 사라를 내게 소개했다. 그녀 역시 황금 면류관을 썼으며, 땅에까지 끌리는 백금으로 이루어진 흰 세마포를 입고 있었고, 보석 허리띠를 매고 있었다.

사라의 모습은 여자인 내가 보아도 반할 정도로 아름답고 귀티가 났으며, 마치 궁궐의 왕비처럼 품위와 권위가 넘쳤다. 목소리는 마치 옥이 굴러가는것 같은 음성을 지니고 있었다.

그녀는 나를 안아주며, "하나님의 사랑을 받으려면 겸손해야 하며, 또한 신앙 안에서 여자 성도들이 사랑을 받으려면, 주님같이 섬겨야 한다"고 말하였다.

사라는 내게 물 한 컵을 건네며 다시 말했다. "세상에 돌아가거든 주의 종들을 섬기고 성도들을 섬겨라. 이렇게 섬기면 높임을 받는다"(천국과 지옥/ p. 117-118).

◆ 사라의 죽음에 대한 비밀—글쓴이:

성경은 사라가 무엇 때문에 죽었는지 밝히지 않고 "사라는

127세까지 살다가 가나안 땅의 헤브론 곧 기럇-아르바에서 죽었다"라고만 기록했습니다(현대인의 성경, 창 23:1). 그러나 유대 고서인 '야셀의 책'에서는 사라의 사인(死因)을 이렇게 밝히고 있습니다:

사탄이 노인으로 변장해 사라에게 나타나 매우 겸손하고 온유한 모습으로 사라에게 말했다. "아브라함이 당신의 외아들에게 한 일을 당신이 알지 못하고 있지 않소? 그가 이삭을 데리고 가서 제단을 쌓고 그를 죽여 제단에 제물로 바쳤어요. 이삭이 소리치며 그의 아버지 앞에서 울어도, 그는 돌아보지도 않고 불쌍히 여기지도 않았습니다."

사라는 그 말을 듣고 재를 머리에 뒤집어쓰고, 땅에 엎드려 통곡하며, 엄청나게 슬퍼했다. 그런데 사탄이 사라에게 다시 노인의 모습으로 나타나서, 지난번에 거짓말을 했다며 아브라함이 이삭을 죽이지 않았고, 지금 이삭이 살아 있다고 말했다. 사라는 그 말을 듣고 너무나 좋은 나머지, 격렬하게 기뻐하다가 그만 혼이 떠나 죽고 말았다(Ancient Book of Jasher/ p. 50-51).

✡ 노아

◆ 방문자—조다윗

　나는 주님의 손에 이끌려 3층 천국에 사는 노아의 집을 방문했다. 정문으로 들어서자 좌우에는 아름답게 단장된 꽃밭이 있었다. 그 중앙에는 동그란 모양의 큰 호수가 있었다. 호숫가에는 작은 배 세 척이 있었고, 호수 주위에는 황금으로 멋진 테두리를 만들어 놓았다. 호수 주위에는 전부 금잔디가 깔렸고, 그곳에는 깨끗하고 귀엽게 생긴 동물들이 어울려 놀고 있었다.

　호수를 지나서 안쪽으로 걸어가자, 중앙에 집이 있고, 좌측으로 농사짓는 땅이 있었다. 노아는 집 안에서 음식을 만들고 있었다.

□ 노아의 방주 이야기:

맑은 날에 배 만든다고 주위 사람들에게 괴롭힘을 당하지 않았느냐는 질문에 노아는 이렇게 대답했다.

"사람들은 매일 와서, '저런 미친 놈이 있나!' 하며 욕하고, 만들어 놓은 배 기둥을 망가뜨리고 부숴서, 그들이 망가뜨린 배를 고쳐가며 만드느라 힘들었단다. 그래도 나는 그들을 사랑하는 마음으로 대하였고, 주님께 기도했었다. 우리 가족은 오랫동안 큰 방주를 만들었지. 배를 다 만들자 주님이 배 안으로 들어가라고 말씀하셨다.

배를 타기 전에, 몇 사람이라도 구원시켜 보려고 마을로 내려갔었다. 마을 사람들은 술을 마시고, 음란을 즐기며, 길거리에서 싸우고 있었다. 나는 마을 한가운데 서서, "이 세상은 비가 와서 멸망할 것입니다"라고 외쳤단다. 사람들은 나에게 '이런 미친 놈이 있나!'며 욕을 퍼붓고, 침을 뱉고, 돌을 던졌다. 아무리 얘기해도 사람들이 들은 척도 하지 않아 슬픈 마음으로 집으로 돌아왔다.

배 문을 열자, 미리 준비해 둔 동물들이 배 안으로 들어갔고, 배 안에는 먹을 식량도 많이 저장해 놓았다.

배 문을 닫고 얼마 후에 비가 쏟아지기 시작했다. 주님의 심판이 시작되자 밖에서 사람들의 비명소리가 들려왔다.

배 문이 닫히자 비가 쉬지 않고 계속 쏟아졌다. 사람들은 죄 가운데 빠져 흥청망청 먹고 마시며 놀다가, 비가 쏟아지자 일부 사람들은 '노아의 말이 맞는 것이 아닌가!' 하였으나, 다른 사람들은 무시하고 쾌락을 즐겼다. 물이 목까지 차오르자 그제서야 높은 곳으로 피신하느라고 난리였다. 비는 계속 쏟아지고, 집들은 잠기고, 사람들은 비명을 질러대며 죽어갔다"(박예영/ 상급으로 이루어진 천국/ 소망/ p. 244-246).

◆ 방문자—구순연 집사
황금길을 걷고 있을 때 어떤 사람이 면류관을 쓰고, 보석 달린 허리띠를 차고, 땅에까지 끌리는 세마포 옷을 입고, 다가오고 있었다. 얼굴에는 빛이 나고 있었다. 천사가 '그 유명한 노아'라며 소개를 했다. 노아는 다가오더니, 내게 손을 내밀며 악수를 청했다. 평소에 궁금했던 것을 노아에게 물어 보았다.

"어떻게 전도하셨기에 120년 동안 8명의 가족밖에는 구원을 못 시켰습니까?"

"그때는 아주 악한 시대였다. 가족 8명이 구원받은 것도 하나님의 깊으신 은혜였다. 지금 이 시대도 나의 시대와 다를 바 없을 것이다."

"그때 술을 마시고 왜 당신의 자녀를 저주하셨습니까?"

"부끄럽게도 네가 나의 가장 수치스러운 과거를 지적하는 구나! 나는 술을 마시고, 옷을 벗고 잠을 잤다. 그 결과 함에게 그 형제의 종이 되라고 저주했다. 너는 세상 술에 취하여 남을 저주하는 자가 되지 말고, '성령의 새 술'에 취하여 하나님께 영광을 돌려야 한다"(천국과 지옥/ p. 99-101).

14

천국 백성은 사후세계를 알려야 한다

✎ 지금까지 저의 천국 시리즈를 읽은 사람들은 사후세계가 있다는 것이 믿어졌을 것입니다. 사람이 한 번 죽는 것은 피할 수 없는 운명입니다. 그러나 사람이 죽은 다음에 어떻게 되느냐 하는 문제는 별로 심각하게 생각하는 사람이 없습니다. 예수 믿고 천국 가자고 전도하면 '먹고 살기도 힘든 세상에 죽은 후의 일까지 걱정하는 한가한 사람'이라며

상대도 하지 않으려는 사람이 많습니다. 죽은 후에는 심판이 있다고 말하면 "심판이 있는지 없는지 그거야 죽어보면 알겠지" 하고 말하는 사람도 있습니다.

◆ 사후세계를 아는 자의 전할 사명

대부분의 사람들이 자신의 영원한 운명을 결정하는 중대한 문제를 대수롭지 않게 생각하는 것은 사후세계를 확실하게 전하는 사람이 없기 때문입니다. 예수를 믿는 그리스도인들조차 지금 가족이 죽으면 당장 지옥에서 영원을 보내야 할 처지인데도, 별로 심각하게 여기지 않습니다. 자기는 믿으니까 천국에 갈 것이라면서도, 가족은 지옥에 가든 말든 상관이 없는 것처럼 방치하고 있습니다. 나는 이런 사람들을 보면 정말 천국, 지옥을 믿는 사람인지 의심이 들 때가 많습니다. 지옥 불 가운데서 뜨겁다고 비명을 지를 사람이 곁에 있는데도, '너는 너고 나는 나다'식의 무관심한 태도는 자기밖에 모르는 극단적 이기주의 형태의 신앙입니다. 이런 사람이 천국 간다면 천국도 별 게 아니라고 생각하는 사람들이 있을 수 있습니다.

소위 엘리트 지성인이라는 사람들은 천국 지옥 이야기를 하면, 인간관계에 미숙한 유치한 사람으로 취급합니다. 기독교 목사 중에서도, 예수 믿느냐고 묻는 것조차 남의 프라이버시를 침해하는 실례라고 말하는 사람이 있는 것을 보았습니다. 당장 죽으면 알게 될 일을, 자기와는 상관없는 남의 일처럼 여기니 기가 막혀 말이 안 나옵니다.

지옥 불 가운데서 고통당하는 어떤 남자가 예수님을 만나기만 하면 "주님, 한 번만 기회를 주세요. 잘못했습니다. 제발 여기서 나가게 해주세요" 하고 애원했다고 합니다. 예수님은 그가 지옥에 온 지 1,800년이 되었는데도 여전히 같은 말을 반복한다며, 눈물을 흘리셨다고 합니다.

지옥의 끔찍한 고통을 누구보다 잘 아는 주님이신데, 애처로워서도 당장 구해주고 싶지만, 전능하신 하나님마저 그런 처지에 있는 사람을 구할 수 없어 탄식하신다는 것이 이해가 되십니까? 이것은 공의의 문제이기 때문입니다. 하나님은 죄인들이 불쌍해서 그들을 구원하고자, 자신의 분신인 외아들을 세상에 보내 대신 십자가를 지고 죄의 대가를 지불하게 하심으로써, 누구든지 예수를 믿기만 하면 영생을 얻어 천국에서 살도록 길을 열어 놓으셨습니다. 이것은 하나님의 전적인 사랑이었습니다.

그러나 사랑과 공의는 구별되어야 합니다. 하나님이 죄인들을 위해서 엄청난 대가를 지불하셨는데도, 구원의 주님을 거절하는 사람은 당연히 지옥에서 형벌을 받도록 한 것이 하나님의 공의입니다. 이 법칙을 어기면 지옥과 천국의 의미 자체가 사라지기 때문에 주님도 지옥에 있는 자를 구하지 못합니다. 그래서 기회는 살아 있을 때 뿐이니, 먼저 믿는 자에게 사후세계가 있음을 알리라고, 천국에 온 자를 돌려보내기도 하는 것입니다. 그러면 그 실례를 살펴보도록 하겠습니다.

◆ 돌아가서 전하라.

◆ 체험자—조지 고드킨

　1948년 1월 7일 오후 1시 30분경에 조지 고드킨(J. Godkin)의 집에는 가스가 폭발하여 일대 혼란이 일어났다. 잇달아 불이 나자 지하실에 갇혀 있던 고드킨은 하는 수 없이, 부엌에서 치솟는 불길을 뚫고 나올 수밖에 없었다. 그는 몸의 65퍼센트가 3도 화상을 입어 그의 귀는 타버리고, 코는 뼈까지 화상을 입었다. 고드킨은 어느 이웃 사람에 의해서 급히 병원으로 옮겨졌다. 여러 날 동안의 위독한 상태가 예상되는 가운데, 그는 이상스러운 영적 체험을 하고 자신의 경험담을 이렇게 털어놓았다:

　"의사들과 간호원들이 나가고 없는 빈 방에 혼자 누워 있을 때, 나는 침대 발치 곁에 누가 서 있는 것 같은 느낌을 가지게 되었다. 그때 나는 천정 부근의 벽에 조그마한 창문과 같은 사각형의 빛이 있는 것을 보았다. 나는 머리에서 발 끝까지 붕대를 감은 채 누워서, 이 아름다운 빛을 감상하고 있었다. 이것이 점점 커지더니 마침내 내 침대 주변을 완전히 다 채우고 말았다. 그 병실의 절반은 일반 빛이었고, 나머지 절반은 이 초자연적인 빛이었는데 나는 그 두 지역의 차이를 분명히 볼 수 있었다."

고드킨은 그의 침대 발치에 있던 그 영적 존재가 이제는 그 빛 속에 있는 것을 알게 되었다. 그는 또 말했다.

"나는 그가 있기 때문에 그 빛이 존재하는 것을 이해하게 되었다. 그의 임재가 너무 정결하고 거룩한 것처럼 보였기 때문에 갑자기 나는 추하고 죄 많은 인간이라는 생각이 들었다. 나는 내 죄의 상태를 깨닫고, 빛 가운데 있는 그 영인(靈人)에게 내 죄를 하나하나 고백하기 시작했다. 내가 완전히 굴복한 바로 그 순간에 잇달아 몇 가지 일이 발생했다. 나는 내 오른팔이 그 빛을 향해 뻗혀져 있는 것을 알았다. 내가 완전히 항복했을 때, 흰옷 입은 어떤 이가 내 앞을 지나갔다. 그의 옷 가장자리가 내 오른손가락 관절을 관통하자 갑자기 무거운 죄의 짐이 없어지고, 나는 내적으로 깨끗하고 정결하다는 놀라운 느낌을 갖게 되었다."

조금 후에 또 다른 영적 존재가 그 병실에 들어와서 "오라"고 하였다. 그 천사의 명령에 고드킨은 자기 몸을 떠났는데, 침대에 누워 숨 쉬고 있는 자기 육체를 잠시 보았다고 생각했을 때, 그는 갑자기 낙원에 있는 자신을 발견했다.

"나는 그 빛이 살아 계신 하나님의 아들 예수 그리스도에게서 발산되는 것을 보았다. 이 빛이 포유(包有)하고 있는 부드러움과 온화함, 그리고 생명을 주는 힘은 언어로 표현할 수가 없었다. 그것은 낙원이라고 부르는 천국 전 지역에 가득차 있었다. 나는 이 영토의 규모를 알 수 없지만, 사방을 바라보았을 때 그 끝을 볼 수 없었다. 이 영계를 잠시 보는 우리들 한 사람 한 사람은 하나님이 볼 수 있게 하는 것만 보도록 허용되었다. 비록 이 영계에는 내가 볼 수 없었던 다른 존재들과 사물들도 존재하지만, 내가 보고 들은 것만 모두 상세히 기록한다고 해도 여러 권의 책이 될 것이다."

그곳에 머물러 있을 것으로 생각한 고드킨은 돌아올 시간이 되었을 때 실망했다.

"그래서 나는 계속 머물러 있게 해달라고 빌고 간청했으나,

'돌아가서 네가 본 것을 알리라'는 말 밖에 듣지 못했다"고 그는 말하고 있다(마빈 포드/ 죽음 저편/ p. 126-128).

◆ 체험자—마가렛 벨

플로리다 마이아미의 마가렛 벨(Margaret Bell)도 고드킨과 비슷한 사명을 가지고 천국에서 돌아왔다. 복부 수술 후에 급성 충혈성 심장마비를 일으킨 벨 부인은 갑자기 높이 솟아올라, 황혼의 공간을 지나 아름다운 어느 거대한 벽에 이른 것을 알게 되었다. 그녀 자신도 놀랐던 것은 곧장 그곳까지 떠올랐던 것이다. 그녀는 말했다.

"내가 저세상으로 나갔을 때 나는 기도의 손을 모으고 있었는데, 이것은 내가 거룩한 곳, 곧 천국에 온 것을 알았기 때문이었다. 모든 것은 부드러운 황금 빛에 감싸여 있었다. 나는 이 따뜻하고 아름다운 빛이 주님으로부터 나온 것을 알았다. 이것은 성서가 '나는 빛이다', '나는 길이다'라고 말하고 있기 때문이다. 나는 푸른 골짜기들도 보았으며 또 멀리 핑크색을 띤 희고 매끄럽게 보이는 거대한 저택들도 보았다. 이 저택들 위에는 눈이 부실만큼 화려한 흰 색의 거대한 빌딩 하나가 우뚝 솟아 있었다."

그녀는 좀 더 가까이 가 보려고 했지만 자기 몸으로 돌아오고 말았다. 그녀는 단적으로 말했다.

"나는 주님께서 나에게 맡기실 어떤 사명이 있기 때문에 살아 돌아온 것으로 확신한다. 그 사명 중 하나는 천국에서 겪었던 그 아름다운 경험을 다른 사람들에게 말해주는 것이다"(1974년 9월 8일 <내셔널 인콰이어러> 기사).

◆ 천국에 대해 배운 것을 상기하자.

지금껏 우리가 배운 것에 비하면 위의 체험들은 보잘것없는 것들입니다. 배운 것을 잘 더듬어 기억해 봅시다:

천국은 실재하는 장소, 천국의 빛, 천국의 위치, 천국 여행, 천국의 구조, 하나님의 보좌, 벽옥 성벽, 생명강과 생명수, 천국의 아름다움, 천국 성도들의 몸상태, 도성 바깥지역 낙원, 유리바다, 천국 성도들의 생활, 생명나무와 그 열매, 하나님의 형상과 그 모습, 천국의 건축물, 천국의 교통수단, 천국 시민들의 시간 보내기, 천국의 상급, 천국의 음식문화, 천국의 천사들, 천국의 생물들, 생명책, 천국의 음악, 천국의 꽃들, 천국의 예배, 천국의 도서관과 기록실, 천국에서의 성장과 발전, 순교자들의 영광, 천국의 전경, 천국 전경에 대한 종합적 분석, 천국의 주택, 천국과 지옥의 차이, 지옥 거주자들의 끔찍한 고통에 대한 증언들, 성경 인물들 이야기, 궁금해 하는 문제들(부활, 새 하늘과 새 땅, 삼위일체 등등), 영계의 다양한 체험들, 천국과 지옥의 갈림길, 사후세계, 그리고 좁은 길과 좁은 문, 자살을 해서는 안 되는 이유, 주님의 고난에 대한 묵상, 새 예루살렘 거주자들의 특권, 새 예루살렘의 환경적 특징, 천국에 대한 투자, 등등 여러 가지 알찬 내용이 많이 있습니다.

이런 내용들을 다시 읽고, 묵상하고, 되새겨서 죽은 후에 심판이 있다는 것과 사후세계의 거처는 천국과 지옥밖에 없다는 것을 알리고, 영원을 어디서 보낼 것인지를 결단하도록 해야 합니다. 여러분들이 이 중대한 사명을 저버리면 하나님께서 반드시 그 책임을 물으실 것입니다. 그러나 충실히 사명을 이행하여 한 영혼이라도 천국으로 인도하면 어마어마한 상급으로 보상해 주실 것입니다. 오늘에 내가 존재하는 이유가 바로 이것 때문이라고 믿으시고 주님께 충성하는 종이 되어서 천국에서 길이길이 영광을 누리시기 바랍니다.

15

지옥의 길에서 돌이키라

　✎ 지옥이 실재하는 것을 모른 채, 갑자기 죽어서 지옥에 떨어져 고통받는 자들을 생각하면 하루에 열 번이라도 지옥 이야기를 해주고 싶지만, 본서가 지옥의 전문서적이 아니므로 천국 이야기와 섞어서 가끔씩 지옥 메시지를 전하고 있습니다.

　희망의 문이 닫힌 절망의 불구덩이 속에서 울부짖는 가

련한 영혼들의 절규와 비명소리가 남의 일 같지 않아 마음이 아픕니다. 지옥 갈 처지에 있는 사람 중에 한 영혼이라도 지옥의 길에서 돌이켜 천국으로 데리고 가고 싶은 저의 간절한 바람 탓도 있지만, 사악한 영들의 정체를 제대로 알려서 얼떨결에 지옥 급행열차를 타는 자가 없도록 해야겠다는 조급한 마음이 앞서 지옥 거주자들의 이야기를 또 쓰게 되었습니다.

◈ 지옥 거주자들과의 대화

◆ 방문자―존 번연
　내가 만난 지옥 거주자는 지옥의 고통이 너무나 끔찍하고 절망적이라며 이런 말을 했다:
　우리를 참을 수 없게 만드는 것은 지옥 고통의 상태가 영원히 지속된다는 사실이다. 영원히 하나님의 공의로운 진노의 대상이 된다는 것이 얼마나 비참한 상태인지 당신은 모를 것이다. "나를 떠나 영영한 불에 들어가라"고 하신 그분의 음성이 끊임없이 내 귀에 쟁쟁하게 들리고 있다. 그 치명적인 경고를 되돌려 놓을 수만 있다면! 그렇게 해볼 수 있는 가능성이 조금이라도 있다면! 그럴 수만 있다면 무슨 일이든지 할 텐데! 하지만 전능자의 권능이 지금 내가 당하고 있는 고통을 가하고 계신다. 영원히 당해야 할 이 고통을 어찌 다 감당해야 할지 막막하나 그것이 내가 견뎌야 할 몫이다. 이것이 우리가 영원히 처하게 된 비참한 처지이다(천국과 지옥/ 규장/ p. 153).

◈ 고문하는 악귀와 멸망당한 영혼의 대화

이 가련한 영혼이 말을 채 마무리하기도 전에 지옥의 악귀가 다가와 불평해봐야 쓸데없는 짓이니, 이제 입을 다물라고 다그치면서 다시 고문을 시작했다. 고문자는 멸망당한 자를 다음과 같이 몰아세웠다:

"너는 너 자신이 이 모든 고통을 당해도 싸다는 것을 알지 못하느냐? 땅에서 이렇게 될 수 있다고 숱한 경고를 들었으면서도 믿지 않았지? 너는 오히려 지옥에 관해 말해주는 자들을 비웃었다. 너는 전능하신 공의의 하나님(Justice)을 향해 멸망시킬 테면 멸망시키라는 오만한 태도를 취했다. 멸망시켜 달라고 얼마나 많이 요청했는가! 그런데 이제 와서는 소원대로 된 것을 불평한단 말인가?

"자청하던 멸망을 당하게 된 것인데, 그것을 불쾌해한단 말인가? 네 스스로 인정하듯이, 너는 구원의 제의를 받았으나 거절했다. 그런데 무슨 낯짝으로 멸망당한 걸 불평하는 것인가?

"불평을 하고자 하면 나는 너보다 억울한 것이 더 많다. 너는 기회라도 많이 있었지만 나는 죄를 짓는 그 순간에 지옥행을 선고받았다. 네게는 수없이 구원과 용서와 사죄의 기회가 있었으나, 나는 한 번도 자비의 제안을 받아본 적이 없다. 죄를 짓는 그 즉시로 영원한 형벌을 선고받고 말았다. 만약 단한 번이라도 구원의 제안을 받았다면 너처럼 경솔히 그 기회를 넘기지 않았을 것이다. 차라리 나처럼 구원의 제안을 받지 못했다면 더 좋을 뻔했다. 고통을 견디기가 그만큼 쉬웠을 테니 말이다. 천국을 마다하고 멸망을 택한 너를 이제 누가 불쌍히 여겨주겠느냐?"(p. 154).

비참한 영혼은 이 말을 듣더니 이렇게 울부짖었다:

"아, 이젠 나를 고문하지 말라! 이렇게 멸망당한 게 모두 내 탓인 줄 잘 알고 있다. 아, 그것을 잊을 수만 있다면! 구원 받을 수도 있었다는 생각이 내가 가진 큰 병이다. 나는 멸망을 당했고, 이것이 정당한 처분이다.

"저주받은 악귀야, 하지만 내가 이렇게 된 것은 다 네 유혹 때문이었다. 네가 나를 유혹하는 바람에 내가 이런 죄들을 짓게 된 것이다. 그런데 네가 나를 훈계한단 말인가? 너는 한 번도 구주의 제안을 받아본 적이 없다고 말하지만, 또한 너를 시험한 자도 없었다는 사실을 잊어서는 안 될 것이다. 나는 네게 끊임없이 시험을 당했고, 네 사악한 유혹에서 벗어나지 못했다"(p. 155).

이 말을 들은 악귀는 냉소적으로 대답했다:

"너를 이곳에 떨어지도록 유혹한 것이 나의 소행이었음을 인정한다. 네게 복음을 전하던 자들도 다 그렇게들 말했었지. 그들은 우리가 너를 멸망시키려 한다고 분명히 경고했다. 우리는 끊임없이 우는 사자들처럼 두루 다니면서 삼킬 자를 찾아다녔다. 나는 네가 다른 사람들처럼 전도자들의 말을 믿고 돌아서서, 우리에게 큰 실망을 안겨줄까 봐 조마조마했었다. 하지만 너는 우리가 바라는 대로 따라와 주었고, 우리가 할 일을 적극적으로 나서서 해주었으니, 우리가 네게 대가를 지불하는 것은 너무나 정당한 일이다."

악귀는 말을 마치자 나를 다시 고문하기 시작했다. 가련한 그 영혼이 내지르는 비명이 너무나 두려워서 더 이상 그 자리에 남아 있을 수 없었다. 그래서 천사에게 말했다.

"멸망당한 영혼들의 상황이 너무나 처참하군요. 그들은 땅에서는 마귀의 노예로 지냈는데, 마귀는 그들이 지옥에 내려가니까 그 일을 가지고 윽박지르고 고문을 하는군요."

"마귀와 그 추종자들이 아담의 모든 후손들에게 품고 있는 증오는 상상할 수 없이 크다. 왜냐하면 복되신 구주께서 그들을 구원하시려고 죽으셨고, 그들이 상실했던 행복을 다시 누리게 되었기 때문이다. 그들은 선택된 자들이 누구인지 모르기 때문에 그들을 한 사람도 멸망시킬 수 없지만, 그래도 수단과 방법을 다 동원하여 모든 인간에게 죄를 짓도록 끊임없이 유혹을 하고 있다.

"그것이 인간들을 비참하게 만드는 길인 줄 알고, 또한 많은 영혼들이 자신들의 계교를 모르고 있기 때문에, 많은 인간들이 그 유혹에 쉽게 넘어가 영원한 멸망에 떨어지고 있는 것이다. 인간들이 자신들의 유혹에 넘어갔다는 이유로 마귀와 그 수하 세력이 그들을 어떻게 다루는가를 너는 이미 보았고, 또 앞으로도 더 보게 될 것이다.

"그들은 인간들에 대한 적개심을 만족시키려고 이 짓을 하고 있지만, 자신들도 뜻하지 않게 전능자의 대리인 역할을 하고 있는 것이다. 그들은 마귀의 말을 듣고 짐짓 멸망을 택한 죄인들을 괴롭히고 있지만, 실은 전능자께서 처벌하실 때 쓰시는 형 집행관들이다"(p. 155-156).

□ 기회를 놓친 영혼

수많은 고통을 당하는 영혼들의 이야기를 들으면서 가장

안타까운 것은 구원받을 기회가 얼마든지 있었는데도 그 많은 기회를 다 놓치고 뒤늦게 후회하는 것이었다. 한 영혼이 말했다.

"내가 평소에 믿고 의지하던 사람들이 있었오. 그 사람들의 말대로만 하면 어긋남이 없을 줄 알았어요. 그들은 죽기 전에 '주여, 긍휼히 여겨 주옵소서' 하고 말하기만 하면 구원을 받을 수 있다고 했습니다. 그런데 그들이 시키는 대로 했다가, 이 영원한 슬픔의 장소에 떨어지고 만 것이오! 임종 때 나는 침상에서 긍휼히 여겨달라고 말했지만, 때가 이미 늦었다는 것을 알게 되었오.

"임종을 앞두고 조금 정신이 들었을 때, 마귀가 나더러 안전하니 걱정하지 말라고 해놓고, 나중에 가서는 이미 너무 늦었으니 지옥으로 갈 수밖에 없다고 하며, 이곳으로 데리고 온 것이오"(p. 160).

□ 너무 늦은 후회

그곳을 떠나 조금 더 가니 어떤 사람이 복된 영혼들이 누리고 있을 복락을 상상하면서, 자학하며 고통을 가중시키고 있었다. 그는 이렇게 탄식했다.

"나는 이렇게 추한 몰골로 전락했는데, 천국에 올라간 성도들은 하나님의 형상을 되찾아, 얼마나 찬란하게 빛나고 있을까! 나도 그들처럼 영광스럽게 될 기회가 있었다. 나도 그들과 똑같은 본성과, 이성과, 지적 기능과, 역량이 있었는데, 이젠 이렇게 혐오스러운 괴물이 되어 영원히 숭엄하신 분을 끝없이 미워해야 하는 처지가 되었구나. 이젠 죄와 죽음이 내게 할 일을 완수했다.

"우리 사이에 얼마나 큰 차이가 있게 된 것인가! 그들은 지극히 숭고하고, 완전한 인간 본성을 입고 있고, 저주받은 나는 지독히 부패하고, 타락한 본성을 입고 있구나. 우리의 차이란 쾌활하고 청년의 기백이 넘치고 아름다워 모든 이에게 사랑받는 사람과, 썩어 문드러져 악취가 진동하는 시체의 차이보다 더 큰 것이다.

"내가 고집을 피우며 끝까지 죄를 버리지 않다가 이런 차이가 생긴 것이다! 나를 멸망시킨 것은 다름 아닌 죄이다. 죄가 나를 이 무서운 영원한 불의 응징을 받게 하여, 죗값을 치르게 하는구나"(p. 162-163).

◆ 진심 어린 충언:

지옥의 참상을 알았으면 지금이라도 지옥의 길에서 돌아서십시오. 그리고 천국의 주인이신 여수님을 구주로 믿고 천국 백성이 되길 소원합니다.

16

새 예루살렘에는 저주가 없다

✎ 새 예루살렘 거주자들의 특권도 대단하지만 새 예루살렘에 없는 것들을 살펴보니, 영원세계의 본질과 영광의 극치를 알 것 같아 가슴 설레이는 감격을 맛보고 있습니다.

여기서는 새 예루살렘에 저주가 영원히 사라져 없어진 것을 집중적으로 다루도록 하겠습니다.

◆ 다시는 저주가 없다(계 22:3).

성경에서 '저주'라는 말은 230회 쓰였는데 구약의 마지막 단어가 '저주'이다. 저주는 사탄이 초래한 불행의 씨앗이다. 아담이 먹어서는 안 되는 선악과를 먹은 결과 인간에게 죽음이 왔고, 땅이 저주를 받아 생태계가 파괴되었다. 죄 때문에 저주가 왔으므로 죄가 저주의 원인이 된 셈이다. 죄가 있는 곳에는 그 어디나 저주가 존재한다.

사탄은 하나님을 배반하고, 인간을 타락시켜 하나님의 저주를 받았고, 하나님께 저주받은 사탄은 다시 인간을 저주하여, 불행의 늪으로 빠뜨리고 있다. 그리고 죄 때문에 저주받은 인간은 또 다른 사람을 저주하여, 저주의 악순환이 반복된다. 그리하여 모든 피조물이 저주 가운데 탄식하며 고통 중에 신음하고 있다.

이스라엘 백성이 요단강을 건넜을 때 모세는 시므온 지파, 레위 지파, 유다 지파, 잇사갈 지파, 요셉 지파, 베냐민 지파는 그리심산에서 축복을 선포하게 한 반면에, 르우벤 지파, 갓 지파, 아셀 지파, 스불론 지파, 단 지파, 납달리 지파는 에발산에서 큰 소리로 저주를 선포하게 하고, 백성은 "아멘" 하고 응답하도록 했다. 이때 저주의 선포자는 레위 사람이었다(신 27:11-26). 15절부터 시작된 저주의 내용을 요약하면 이렇다:

1. 우상 숭배자는 저주를 받을 것이다(15절).
2. 자기 부모를 얕보고 멸시하는 자는 저주를 받을 것이다(16절).
3. 자기 이웃의 경계표를 옮기는 자는 저주를 받을 것이다(17절).
4. 소경에게 길을 잘못 인도하는 자는 저주를 받을 것이다(18절).
5. 외국인과 고아와 과부의 재판을 공정하게 하지 않는 자는 저주를 받을 것이다 (19절).
6. 자기 아버지의 첩과 동침하여 그의 아버지를 욕되게 하는 자는 저주를 받을 것이다(20절).
7. 짐승과 교합(음란한 짓)하는 자는 저주를 받을 것이다(21절).
8. 친자매든 이복 자매든 자기 자매와 성관계를 하는 자는 저주를 받을 것이다(22절).
9. 자기 장모와 동침하는 자는 저주를 받을 것이다(23절).
10. 자기 이웃을 암살하는 자는 저주를 받을 것이다(24절).
11. 죄 없는 사람을 죽이려고 뇌물을 받는 자는 저주를 받을

것이다(25절).

12. 이 모든 율법을 지키지 않는 자는 저주를 받을 것이다(26절).

위에 열거한 죄들은 유대 사회에서 죄의 비중을 크게 두고 있는 중대한 범법 행위지만, 성경에는 이 외에도 저주받을 죄가 여럿 있다:

1. 다른 신들을 따르면 저주를 받는다(신 11:28).

2. 누구든지 주를 사랑하지 않으면 저주를 받는다(고전 16:22).

3. 언약의 말을 따르지 않는 자는 저주를 받는다(렘 11:3).

4. 마음이 여호와에게서 떠난 사람은 저주를 받는다(렘 17:5).

5. 여호와의 일을 게을리 하는 자는 저주를 받는다(렘 48:10).

6. 하나님의 것을 도둑질하는 자는 저주를 받는다(말 3:9).

7. 사도들이 전한 복음 외에 다른 복음을 전하면 저주를 받는다(갈 1:8).

마귀와 그 사자들을 따르는 자는 다 저주받은 자들이다(마 25:41). 진리의 반대편에 선 자들도 저주의 대상이 된다. 무당, 점쟁이, 주술사, 사탄 숭배자와 접촉한 자도 저주를 받는다. 진리의 말씀을 제쳐놓고 직통계시를 받는다며 채널링을 통해 악령으로부터 정보를 받아 사역하는 자는 다른 복음, 다른 예수를 전하는 자이므로 저주를 받을 수밖에 없다.

저주받은 자와 연합하면 그 저주가 자손 대대로 이어진다. 무신론자 맥스 죽스(Max Jukes)는 하나님을 믿지 않는 여성과 결혼했는데, 그의 가문에 속한 자손 560명을 추적한 결과는 이렇다:

310명—거지로 죽었다.

150명—모두 범죄자가 되었고, 그 중 7명은 살인자였다.

100명—술주정뱅이였다.

그 가문에 속한 여자들 중 절반이 몸을 파는 창녀였다. 죽스의 자손들이 미국 정부에 끼친 손해는 19세기 달러 가치로 환산했을 때, 125만 달러 이상이었다고 한다. 이것이 가계(家系)에 흐르는 저주이다.

조상으로부터 내려오는 저주와, 죄의 무게로 짓눌려 묶여 있는 자들을 자유케 할 수 있는 것은 그리스도의 복음밖에 없다. 가계를 통해 흐르는 저주는 생물학적 유전이라기 보다는 영적인 영향 때문이라고 보아야 한다. 열심히 신앙생활을 해도 질병에 시달리고, 하는 일이 잘 풀리지 않고, 끈기 있게 기도해도 응답이 없다면, 조상으로부터 이어져 내려오는 가계의 저주가 원인이 아닌지 살펴보고 저주를 끊는 기도부터 해야 한다. 미국의 어느 가정은 7대에 걸쳐 암환자가 발생했는데, 한 집안에서 부인만 남기고 거의 몰락 위기에 처했다는 보도가 있었다. 이 집안은 시가집 식구들만 고스란히 암에 걸린 것이다. 질병뿐만 아니라 뜻밖의 사고와 자살로 이어지는 가계의 저주도 있다. 케네디 집안이 그 대표적이다.

주님은 우리의 모든 저주를 짊어지고 우리를 구원하셨다. 예수를 믿는 자는 저주의 사슬에 묶여 있을 필요가 없다. 예수님은 복음으로써 우리를 모든 저주로부터 자유케 하신 분이시다. 천년왕국 시대에는 저주가 거의 없지만, 거기에도 죽음이 존재하기 때문에 저주가 완전히 사라지는 것은 아니다. 저주의 원흉인 사탄을 무저갱에 천 년 동안 가두어 두기 때문에 다소 저주가 덜할 뿐이다. 천 년이 끝나면 사탄이 다시 풀려, 그의 추종자들인 곡과 마곡 백성을 모아 하나님의 군대와 최후 전쟁을 벌인다.

그러나 새 하늘과 새 땅에는 사탄과 그의 추종자들을 몽땅 유황 불못에 던져넣기 때문에 죄의 근원이 사라져 저주가 없다. 사망과 지옥도 불못에 던져지므로 더 이상 죽음이 없다.

이렇게 해서 새 예루살렘 백성들은 더 이상 저주 가운데 살 필요가 없어진다. 만물이 회복되지 않은 이 땅에서는 아직도 우리가 저주 가운데 살고 있다. 그래서 모든 피조물이 저주 가운데서 우리와 함께 탄식하며 신음하고 있는 것이다. 그러나 피조물이 썩어짐의 종노릇 하는 데서 해방되어, 하나님의 자녀들이 누리는 영광의 자유에 참여할 때를 기다리고 있다(롬 8:19-21).

새 하늘과 새 땅에서는 죄와 저주로 인해 잃었던 모든 것을 회복한 상태이다. 새 예루살렘에는 죄가 없으므로 저주가 없고, 저주가 없기 때문에 슬픔, 고통, 눈물, 죽음이 없다. 죽음이 있는 곳은 저주의 땅이요, 생명이 있는 곳은 축복의 땅이다. 저주의 원인인 사탄이 불못에 던져지기 때문에, 새 예루살렘에 다시는 저주가 없게 되는 것이다.

◆ 죄와 죄인들이 없다(계 21:27; 22:15).

이 부류에 속한 것들을 열거하면 이렇다:

속된 것, 가증한 일, 거짓말하는 자(계 21:27), 개들(개 같은 인간들), 점술가들, 음행하는 자들, 살인자들, 우상 숭배자들, 거짓말을 좋아하며 지어내는 자들이다(계 22:15). 이것은 죄의 상징성을 대표하여 일부만 적은 것이지만, 새 예루살렘에는 만민의 심판자이신 거룩하신 하나님과 온전케 된 의인들의 영들과 새 언약의 중보자이신 예수님이 계시는 곳이기 때문에 거룩하지 않은 것, 즉 속된 것이나 죄로 더럽혀진 가증한 것들은 그 어떤 것도 발붙일 틈이 없다. 그래서 새 예루살렘에는 죄와 죄인들이 없는 것이다.

◆ 천국 시리즈를 못 쓰게 방해하는 악령들:

하나님의 지시로 천국 시리즈를 쓰게 되었지만 너무나 사탄의 공격을 많이 받아 집필을 포기할 뻔한 위기도 여러 차례 있었습니다. 시중에는 천국, 지옥 책들이 많이 나와 있습니다. 이런 책 한 권으로도 한 영혼을 구원할 수 있기 때문에 어두움의 세력들에게는 치명적인 손상을 입힙니다. 더구나 마지막 시대에 천국 시리즈가 사탄의 진을 초토화하는 핵폭탄과 같은 무기가 될 것을 알고, 악한 영들은 기를 쓰고 책을 못 쓰도록 나를 무참하게 공격했습니다.

노인성 질병이 없던 내게 정기 신체검사에서 너무 많은 병이 발견되어 양성 종양만 제거하는 수술이 줄줄이 밀려 있고, 당뇨, 고혈압, 암 직전의 만성 위염, 기관지 염증, 콩팥에 생긴 2cm 크기의 혹, 수시로 발에 쥐가 나서 갑자기 몸이 뻣뻣해지는 고통스러운 통증, 지속적으로 부어오르는 발등의 고통, 호흡이 곤란해지는 폐질환까지 더해져 병원을 드나들며 힘든 시간을 보내고 있습니다. 그러나 나의 고난은 하나님의 계획 안에서 이루어지는 것이므로 글 쓰는 일을 포기할 수 없어 견디다보니 하나님의 은혜로 천국 시리즈 마지막 책인 본서도 거의 마무리 단계까지 왔습니다.

여기까지 천국 탐방을 함께해 주신 독자 여러분들의 성원

이 없었다면 불가능한 일이었기에 진심 어린 마음으로 여러분

모두에게 감사를 드립니다.

17

종말론에 대한 몇 가지 논점들

천국 방문자들의 특징 중 하나는 주님의 재림에 관심이 많다는 점입니다. 지금은 시간의 역사에서 가장 중대한 사건들이 일어나려는 급박한 시점입니다. 그래서 천국 시리즈가 종말론 서적은 아니지만 천국 방문자들의 보고를 외면할 수 없어 가끔 그들의 글을 싣고 있습니다.

본장에서는 천국 방문자들의 증언과, 그리고 그들 대부분의 신학적 입장을 대변하고 있는 미국 신학자들의 견해를 살펴보도록 하겠습니다.

◈ 아브라함과 세네카 소디의 대화

(아브라함): 우리 주님께서 최근에 모든 성도들과 천사들이 함께하는 자리에서 중보자의 보좌를 떠나 세상을 심판하기 위해 땅으로 내려가실 때가 임박하다고 공포하셨는데, 이것은 세상에 불의의 잔이 거의 채워지고 있기 때문이다.

(소디): 오! 우리는 여러 해 동안 주님의 지상재림을 고대해 왔습니다. 어떤 이들은 주께서 재림하실 때를 잡기 위해 잘못된 길로 가기까지 했습니다.

(아브라함): 그러나 그것은 어리석은 짓이었다. 우리 주님께서 명백하게 말씀하셨다. 우리가 원할 때는 언제든지 볼 수 있도록 충실한 성경의 원고지들이 천국에 보관되어 있다. "그러나 그 날과 그 때는 아무도 모르나니, 하늘에 있는 천사들

도, 아들도, 모르고 아버지만 아시느니라"(막 13:32).

영원의 큰 주기 동안 여기에 있어온 우리 가운데, 아무도 그 때가 되는 시기를 아는 자가 없으며, 지금까지도 정확한 시기는 알려지지 않았다.

그러나 주목할 만한 사건들은 네가 후에 더 알게 되겠지만, 대찬양 예배를 위하여 수많은 성도들과 천사들이 만나게 될 대회 동안에 하나님의 보좌에서 발표된다. 여기 있는 우리 모두는 지상에 있는 자들과 같이, 하나님 아버지께서 자기 자신의 계획에 대한 비밀을 감추어 놓으신 이 대사건에 깊은 관심을 가지고 있다.

땅과 하늘에 있는 교회는 큰 희년에 곧 연합될 것이다. 아벨의 때부터 종말 시대까지의 모든 성도들이 부활하여 우리 주님의 십자가의 그 최종적이고 위대한 승리를 축하할 것이다.

너희들이 아는 바와 같이 세상에 살아 있는 성도들은 모두 눈 깜짝할 사이에 변화될 것이다. 그리고 하나님의 허락으로 하늘에서 준비되어 있는 우리 모두는, 각자의 출생지로 되돌아가 땅에 있는 교회에게 아침 인사를 할 것이다. 그리고서 땅에는 큰 안식일이 있을 것이다.

비록 우리가 긴 세월 동안 여기에 있었지만, 아직도 우리는 이 사건에 대하여 큰 관심을 가지고 관찰하고 있다. 어릴 적 소년 시절의 활동 무대가 되었던 세상에 대한 미묘한 추억이 아련하고, 초기의 여러 가지 인생 경험의 장소가 되었던 곳, 죄로부터 구원받은 감격을 증거한 옛 세상을 방문할 것이라는 데 우리는 큰 기쁨을 느낀다. 더욱이 우리는 우리 구원의 충만과 완성을 확인하게 될 것이다.

우리 육체의 구속! 정말 멋진 일이다. 우리 중에 아주 적은 사람들이 네가 내 경우에서 보는 바와 같이 부활을 이미 받았다.

(소디): 언젠가 여쭈어 보려고 기다리고 있었습니다. 당신의 용모와, 다른 행복한 영들과, 그리고 저 자신의 모습 사이에 큰 차이점은 무엇입니까?

(아브라함): 모든 장로들은 우리 주께서 부활하셨던 때에 이미 부활을 받아서, 주와 함께 잠자는 자들의 첫열매가 되었다. 그럼에도 불구하고 우리는 모두가 대망하고 있는 큰 사건

인 어린양의 혼인을 위해, 너희들과 함께 새롭게 차려입게 될 것이다.

(소디): 오! 우리의 하나님이신 주님께 찬양을 돌릴지어다! 내 영혼은 주님의 형언할 수 없는 은혜 때문에 완벽한 환희 속에 있나이다!

(아브라함): 너는 잘 될 것이다. 지금 네 영혼의 그 감격은 결코 사라지지 않을 것이다. 이미 때가 다 되었다. 천사들과 성도들은 이 천국 영토의 경계선 끝까지 그 소식을 전하였다. 땅에 있는 교회의 빛이신 성령께서 또한 하늘에서와 마찬가지로, 이 사건을 알리시기 위해 휴거 사건을 부정하는 교회의 신자 중에서 가장 경건한 사람들의 마음을 감동시키고 계신다. 네가 만일 원한다면 이것에 대하여 다시 말하겠다. 그러나 성으로 들어갈 우리 일행이 이제 수가 채워지고 있으니, 우리는 저 거룩한 성을 위하여 떠나도록 준비를 해야겠다(파라다이스 방문기/ p. 72-74).

◈ 천국 방문자들의 재림에 대한 신학적 입장

　제가 객관적인 입장에서 평가한 바로는 대부분의 천국 방문자들이 견지하고 있는 재림과 관련된 신학적 입장은 주님의 공중강림이 먼저 있고, 대환난이 끝날 때 지상강림이 있다는 것이었습니다. 이들의 견해를 집약적으로 요약한 것이 미국 신학자　토마스 아이스(Thomas Ice)와 제임스 스티칭거(James Stitzinger)가 쓴 〈휴거 역사〉라는 글과 같아서 이것을 여러분과 나누고 싶습니다. 소제(小題)가 '초대교회 교부들', '중세교회', '개혁시대', '현대교회'로 나누어져 있는데 분량이 많아 〈초대교회 교부들〉 이야기만 번역하여 소개하겠습니다.

◈ 휴거 역사―초대교회 교부들 입장

　환난전 휴거설을 비평하는 사람들은 종종 휴거의 역사적 뒷받침이 부족하다고 말한다. 수년 동안 환난전 휴거설을 반대하는 사람들은 휴거가 1800년대 중반 존 다비(John N. Darby)에 의해 창안되었으며, 그 이전에는 결코 언급된 적이 없었다고 주장해 왔다. 일반적으로 이런 주장들은 이 가르침이 200년도 채 안 되기 때문에 그것은 성서적일 수 없다는 것이며, 그렇지 않으면 그리스도인들이 오래 전에 이 견해를 고수했을 것이라고 추론한다. 궁극적으로 성서적 진리는 성경의 명확한 가르침에 의해 결정되어야지, 그 가르침이 역사 전반을 통해 어떻게 인지되었는지에 따라 결정되어서는 안 된다. 그러나 상당히 많은 증거가 존 다비 이전에 환난전 휴거를 믿었음을 보여주고 있다.

신약성경 정경을 포함하여 고대 교회의 가장 초기 문서들은 명확한 전천년설을 반영하고 있다. 그렇지만 휴거와 대환난과의 관계를 둘러싸고 사소한 논쟁이 있다. 환난전설자들은 적어도 가장 이른 시기에 불과 몇 년도 지나지 않아 사람들이 환난전설을 받아들이고 있었다는 증거로서, 초대교회가 분명히 재림의 절박성을 믿고 있었음을 지적한다.

초대교회 신학의 모든 분야가 그랬듯이 예언의 최초 견해가 발전하지 못해서 가끔 첫 견해가 여러 가지 다양한 신학적 견해로 전개될 씨앗을 담은 채 상반된 모습을 보이기도 했다.

초대교회 교부들에게 나타난 분명한 환난전설을 찾기는 어렵지만 몇 가지 환난전 요소는 분명하다.

다른 예언적 견해와 함께 체계화 될 때, 이 요소들은 환난후설을 부정하고, 환난전설을 지지한다. 일례로 사도시대 교부들은 절박성의 환난전 특징을 분명히 가르쳤다. 초대교회 교부들을 대충 조사해봐도, 그들이 현저하게 전천년주의자 또는 천년왕국 신봉자들이었음을 알 수 있다. 바나바, 파피아스, 저스틴 마터, 이레니우스, 터툴리안, 히폴리투스, 키프리아누스, 락탄티우스의 문헌에는 명백한 실례가 존재한다. 초대교회 교부들은 대개 주님께서 돌아오실 때 교회가 고통받고 박해받을 것으로 예상했다. 그러나 그들은 그리스도의 임박한 재림을 믿고 있었는데 이것이 환난전 사상의 중심 특징이다.

초대교회 교부들의 문헌을 어떻게 해석하느냐 하는 문제에 대해서는, 그 정확성의 결여로 학자들간에 토론이 벌어지기도 했다. 절박성의 표현은 사도시대 교부들에게서 많이 찾을 수 있다. 로마의 클레멘트, 안디옥의 이그나티우스, 디다케, 바나바 서신, 헤르마스의 목자는 모두 재림의 절박성을 말하고 있다. 그들의 말에는 "깨어 있으라"(watch), "기다리라"(wait), "준비하라"(be ready)는 권면으로 가득 차 있는데 이것은 주님이 곧 오실 것에 대한 표현들이다. 더구나 〈헤르마스의 목자〉는 대환난을 피하는 문제를 말하고 있다:

"여러분은 여러분의 믿음 때문에, 그리고 여러분이 그와 같은 짐승의 존재를 의심하지 않았기 때문에, 대환난을 피할 수 있게 되었습니다. 그러므로 가서 주의 택한 자들에게, 주님이 행하신 위대한 일을 말하고, 그들에게 이 짐승이 다가올 대환난의 전형이라고 일러주십시오. 그런 다음 여러분 자신이 준비하고, 온 마음을 다하여 회개하고, 주님께 돌아오면 여러분은 환난을 피할 수 있을 것입니다. 만일 여러분의 마음이 순수하고 흠이 없다면, 그리고 여러분의 여생을 티 없이 주님을 섬기는 데 보낸다면, 반드시 그렇게 될 것입니다."

우리는 교부들의 종말론에 대해 다음과 같은 결론을 내릴 수 있다.

1. 그들은 문자 그대로 그리스도께서 오시고, 그런 다음 천년 왕국이 실제로 뒤따를 것이라고 예상했다.
2. 그들은 때때로 환난전 추론의 결과와 함께 그리스도의 임박한 재림을 믿었다.
3. 그들은 로마정부의 박해를 받고 있었지만, 이것을 미래의 대환난 진노와 동등한 것으로 다루지 않았다.

래리 크럿치필드(Larry Crutchfield)는 다음과 같이 올바른 결론을 내린다: "재림의 절박성에 대한 교부들의 견해와, 대환난의 때를 피할 것이라는 일부 언급은 '환난전 휴거론이 전개될 수 있었던 씨앗'이라는 에릭슨(Erickson)의 말을 인용한 데서 발단된 것이다. 알렉산드리아 학파의 비유적 해석(Alexandrian allegorism)과 그 후 어거스틴으로 인해서 초래된 건전한 해석의 결핍만 아니었다면 그 씨앗들(the seeds)이 존 다비와 19세기 훨씬 이전에 어떤 종류의 수확을 거두었을지 모르는 일이다."

◆ 출처: 인기 있는 성경 예언 백과 사전(The Popular Encyclopedia of Bible Prophecy coauthored by Tim LaHaye and Ed Hindson/ p. 316-317).

◆ 나의 소견:

독자들 중에는 환난중간설, 환난후설, 무천년설, 등등 여러 가지 신학적 입장을 가진 자들이 많습니다. 제가 천국 방문자들의 증언을 토대로 글을 쓰기 때문에 위의 글이 태반의 천국 방문자들의 입장임을 알려드린 것뿐입니다. 그러니 여기에 구애받지 말고 재림에 대한 각자의 신학적 입장을 고수해도 상관이 없습니다. 논점이 많은 이론 때문에 우리의 구원 문제가 바뀌지는 않을 것입니다. 아무튼 주 안에서 끝까지 믿음을 잘 지켜, 천국 영광의 도성에서 여러분 모두 만나기를 소원합니다. 천국 탐방에 함께해 주신 여러분께 감사를 드립니다.

18

기회 있을 때 믿고 전도하자!

✎ 기회는 늘 있는 것이 아닙니다. 기회를 놓치면
후회합니다. 살아 있을 때만 자신의 운명을 바꿀 기회가 있습
니다. 그래서 생명의 소중함을 알아야 합니다. 사람이 살다 보
면 어려운 일도 있고, 살아 숨 쉬기도 힘든 절망의 순간도 있
을 수 있습니다. 그러나 그 어떤 이유로든 회개할 기회마저 잘
라버리는 어리석은 짓은 해서는 안 됩니다. 전지전능하신 주님

도, 지옥에서 한 번만 기회를 달라며 살려 달라고 부르짖는 자를 구해줄 수 없어, 눈물만 흘렸다고 합니다. 한번 죽으면 기회는 없고, 하나님의 진노로 형벌을 받는 심판만 있을 뿐입니다.

있는 천국과 지옥을 없다며 우겨봐야 소용없습니다. 뒤늦게 피눈물을 흘리며 후회한들 아무런 도움이 되지 않습니다. 예수 믿고 천국 가자는 전도인들이야말로 여러분을 살릴 하늘의 천사들입니다. 천국과 지옥이 있음을 믿어야 합니다. 예수 그리스도를 믿지 않고서는 천국 가는 길이 없습니다. 절대로 사탄의 속삭임에 속지 말아야 합니다. 예수 믿지 않는 친척들과 친구들을 생각하면, 내가 지옥 불구덩이 속에 들어 있는 심정입니다. 너무 가슴 아파 견딜 수 없습니다. 얼마나 안타까웠으면 고령의 최영수 할머니가 천국 지옥 있다며 제발 예수 믿으라고 목놓아 외쳤겠습니까? 지금 살아 계시면 90세를 바라보는 나이입니다. 그분은 직접 이 글을 써서 전도지로 만들어 들고 다니며 전도하고 있다고 합니다. 전도지 내용은 이렇습니다.

◈ 천지가 있는 한 천국과 지옥은 존재한다:

청춘은 짧고 인생은 어느새 지나간다. 인생은 풍전등화 같고 화살같이 빨리 지나간다. 다시 돌아오지 않는 것이 세월이다. 인생은 어느새 끝이 온다. 인생의 날은 손바닥만큼 작은데, 어찌 재물만 탐하고 헛된 일을 좇다가 멸망의 길로 가려느냐? 죽음 앞에 서보면 모든 것을 알게 된다. 많은 사람들이 사후세계를 의식하지 않고 살아간다. 그러나 인생의 최후에는 천국이냐, 지옥이냐가 문제이다.

이 세상 떠날 것을 기억하라. 천국에 들어가기를 힘쓰라. 인생은 어느덧 서산에 기운다. 잠시 후면 천국과 지옥으로 나뉘진다.

매일 수많은 사람들이 지옥으로 떨어지고 있다. 하늘에 자기 이름이 기록된 자, 하늘 길을 안다. 하나님을 두려워하라! 인생의 답은 하나님께 있다. 인생의 최고 비극적인 삶은 하나님을 떠난 삶이다. 사람은 하나님을 모르면 멸망할 짐승과도 같다. 오직 하나님을 믿으며 하나님을 위해 일하라. 그것만이 남는 것이다. 이 세상 최고의 지식은 하나님을 아는 것이다. 하나님을 모르면 영원한 멸망이다.

하나님을 아는 것이 가장 영광된 지식이다. 인생 끝을 생각하라. 때늦게 진리를 깨달을 때가 반드시 온다. 가장 중요한 것은 영혼 구원이다. 인간은 죽음 후에 어떻게 되는가? 이것이 우리의 관건이다. 천국 지옥은 분명히 있다. 잠시 후면 천국 지옥으로 나눠진다. 그러나 많은 사람들은 관심을 가지지 않는다.

천지가 있는 한 천국과 지옥은 존재한다. 이 지구상의 인간은 다 죽는다. 생명줄은 오직 예수님뿐이다. 천지를 지으신 하나님을 믿으라. 눈에 보이는 하나님으로 오신 분이 예수님이시다. 예수님은 하늘나라를 이 세상에 알리시고 승천하셨다. 오직 예수님이 길이요, 진리요, 생명이다. 하나님을 모르면 절망이다. 전능자를 믿으라.

하나님의 눈은 속일 수 없고 세상 사는 하루하루가 자기의 앞날을 좌우한다.

인생 뒤를 돌아보면 허무하다. 하나님께 돌아가야 한다.

사람이 하나님을 모르면 영원한 불못에서 이를 갈며 후회한다. 하나님을 찾으라. "내 백성이 지식이 없어 망한다"고 성경에 기록되어 있다(호 4:6). 하나님 없는 인생 끝에는 반드시 후회와 비극이 찾아온다. 쉴 새 없이 흐르는 시간은 우리의 갈길을 재촉하고 있으니 빨리 그날을 준비하라. 하나님을 만날 그날을 준비하라!(이 전도지는 최영수 할머니가 당시 80세이던 2011년 5월에 쓴 것으로 최성열 목사 편저 <천국에 들어가기를 힘쓰라>에 소개된 글임을 알려드립니다).

◆ 생명의 존엄성

한때 죽음의 충동을 느꼈던 신성종 박사는 지옥의 참상을 보고서 생명의 존엄성을 깨달았다고 합니다. 그의 말을 들어봅시다:

자살자들은 그냥 있는 것이 아니었다. 하루 종일 칼로 자신의 목과 가슴을 계속 찌르면서 스스로 괴롭히고 있었다. 온몸이 피로 적셔져 있는 것을 볼 수 있었다. 살인자들은 죽임을 당한 자와 그 가족들로부터 저주를 받으며, 구더기가 많은 호수 속에 빠져 허우적거리고 있었다. 발은 쇠사슬로 묶여 있어 움직이도 못하고 있었다.

이곳에 갇혀 있는 자들은 하루 종일 피를 마시며, 피로 몸을 문지르고, 피 비린내를 맡고 있었다. 여기서 나는 생명의 존엄성을 깊이 깨달았다. 아하! 그래서 십계명 중 사람에 대한 계명에서 살인 문제를 제일 앞부분에서 다루고 있구나.

사실 나는 6.25 전쟁 때 열세 살의 어린 나이에, 장남으로서 온 가족과 함께 어머님만 모시고 피난길에 오르면서, 너무 힘이 들어 여러 번 자살을 생각한 적이 있었다. 먹을 것이 없어서 술찌꺼기를 얻어다가 목숨을 연명하고, 산에 가서 풀잎도 뜯어먹고, 나무 껍질을 벗겨 먹으면서 살았다. 또 개울가에 있는 쑥들을 캐다가 고운 겨 가루를 얻어 개떡을 해먹은 적도 많았다. 그때는 믿지 않았던 때였기에 자살을 죄로 생각하지 않았다. 현실이 힘드니까 거기서 도피하기 위해서 자살을 생각했던 것이다.

그러나 자살 방법도 몰랐고, 또 죽음 후에 무엇이 있는지에 대한 두려움 때문에 자살하지 못했다.

그때 내가 자살했다면 나도 지옥에 올 뻔했다고 생각하니 가슴이 덜컹 내려앉았다. 아아! 생명이 이토록 존귀한 것인가? 나는 오직 생명의 관리자일 뿐 주인이 아니란 말인가? 그렇다면 생명이란 하나님의 축복이요 은혜일 뿐 아니라, 우리의 가장 중요한 의무란 것을 나는 알게 되었다. 최근 들어 건강을 중시하고 강조하는 풍조는 비록 그것이 이기적인 목적이긴 하지만 옳다고 생각한다(내가 본 천국과 지옥/ 크리스챤서적/ p. 71-72).

◆ 기회는 늘 있는 것이 아니다.

아직도 살아 있으면서 예수를 믿지 않고 사는 것은 가장 큰 불행입니다. 그는 지금 죽음 속에 있는 것이나 다름이 없습니다. 자신이 죽을 시간을 모르는데, 어떻게 미래의 운명을 확신할 수 있습니까? 저승사자는 믿지 않는 자를 지옥에 데려가기 위해 우리 주변을 항상 기웃거리고 있습니다. 예수 믿는 나도 어느 순간에 숨이 끊어질지 모르고 살아갑니다. 그러나 죽음과 동시에 생명의 세계인 천국으로 갈 것을 믿기 때문에, 죽음에 대한 두려움이 없습니다. 언제 죽어도 예수 안에 있다는 것은 생명 안에 있음을 의미합니다. 하지만 불신자는 생명의 주인인 예수 밖에 있기 때문에 불확실한 미래를 사는 사람이어서, 생명의 반대편에 있는 죽음의 영역에 있다고 할 수 있습니다. 어느 순간에 그의 숨이 끊어질지 모르는데다가, 죽음과 동시에 그는 지옥으로 가야 합니다.

그래서 예수 믿지 않는 사람의 현재 상태는 아주 위험한 고비라고 할 수 있습니다. 한마디로 불신자로 사는 것은 목숨 건 도박을 하고 있다는 표현이 적절할 것 같습니다. 내가 예수 믿는 것을 나쁘게 생각하지 않는 친구들도 천국, 지옥 이야기만 하면 나를 이상한 사람으로 여기는 것 같은 인상을 받습니다. 천국과 지옥의 실상을 너무 잘 알고 있어서, 한 사람이라도 살아 있을 때 예수를 전하고 싶은 절박감 때문에 천국, 지옥 이야기를 하는 것입니다. 계속 전도해도 믿지 않던 친구가 갑자기 죽고 나니 더 전도할 수 없다는 것이 너무 가슴 아팠습니다.

그래서 아직 기회 있을 때 예수 믿고 전도하자고 주장하는 것입니다. 내가 예수 믿고 한 사람을 전도한다면, 그는 천하를 얻은 것보다 더 큰 영광을 천국에서 누리게 됩니다. 지금 망설이고 있는 순간은 죽음의 시간임을 꼭 아셔야 합니다. 아무리 부귀영화를 누리며 살아도, 그것은 사는 것이 아닙니다. 지옥으로 하루하루 다가서고 있을 뿐입니다.

지금 때를 놓치면 다시는 복음을 들을 기회가 없을 수 있습니다. 노병철 대령이 소위 시절 때 박정희 대통령을 대면한 자리에서, 대통령이 맥주 두 병을 가져와 마시라고 권했으나 노 소위는 "각하, 저는 예수님을 믿기 때문에 술을 마시지 못합니다"라고 하자, 대통령은 자기가 술을 다 마시고서는, 원하는 것을 말해 보라고 했습니다. 그때 노 소위가 말했습니다.

"각하께서 한계가 있는 부귀영화, 권력을 내려놓고 하나님을 영접하고, 영원한 생명을 얻는 것이 제 소원입니다."

그러자 대통령이 "지금은 곤란하고, 대통령을 그만 두면 꼭 교회에 가겠다"고 대답했습니다. 그러나 그는 3개월 후 10.26 사태 때 목숨을 잃고 말았습니다.

◆ 나의 소견:

박 대통령은 기독교인을 좋아하고 존중했을 뿐만 아니라 여러 가지로 많이 도와주었습니다. 하나님이 어떻게 평가할지는 모르지만 미리 예정된 곳으로 갔으리라 믿습니다.

독자 여러분의 미래가 불확실하다는 생각이 드시면, 기회 있을 때 꼭 예수 믿고 천국 티켓을 미리 준비해 놓는 것이 어떨까요? 그것이 좀 더 안전한 길이라 여겨지네요.

19

사후세계에 도사리고 있는 위험

✎ 천국 방문자들의 이야기를 듣고 자기도 천국이나 지옥을 방문하고 싶다는 생각을 가진 사람이 많지만 영이 몸을 떠나는 순간, 영계에는 도처에 위험이 깔려 있다는 것을 알 필요가 있습니다. 그러나 천국이나 지옥을 방문하고 싶은 생각을 갖는 것 자체는 자연스러운 일이라 하겠습니다. 나 역시 천국이나 지옥에서 꼭 만나보고 싶은 사람들이 있어 지옥,

천국 방문 문제를 놓고 기도하고 있습니다. 나의 가까운 친척 중 평생 불신자로 살다가 임종을 맞게 된 세 사람이 있었습니다. 내가 그 세 사람에게 전도한 일이 있었는데, 한 사람은 의식을 잃은 상태였으나 간절히 기도하여 숨을 거두기 전에 예수를 믿으라고 전도했고, 또 한분은 예수 믿는 사람은 자기 집에 얼씬도 못하게 하던 사람이었는데, 임종 전에 복음을 전했더니 예수를 믿겠다고 해서, 바가지에 물을 떠오게 하여 병원에서 세례를 주었습니다. 그리고 마지막 한 사람은, 임종 전에 전화로 복음을 전하고, 예수님! 하고 크게 불러보라고 했더니, 예수님이라고 불렀습니다. 그러나 세 사람 모두 죽을 때는 가보지 못해서 그들이 만일 천국에 있다면, 구원얻는 방법을 연구하는 데 도움이 될 것 같았지만 아직 확인해 보지 못해 궁금합니다.

이 외에 교회 중직에 계셨던 어떤 분에 대해서도 궁금한 점이 있습니다. 이분은 네것 내것을 구분하지 못하고, 소유개념이 확실치 않아서 돈을 빌려가도 갚을 줄 모르는 사람이었습니다.

그런데도 교회는 이곳저곳 다녔다고 들었습니다. 그분은 여러 사람에게 빌려간 돈을 갚지 않은 채 임종을 맞았습니다. 이럴 경우 그는 천국, 지옥 중 어디로 갔을까요?

사람의 운명은 하나님께 달린 문제인데, 알고 싶어하는 것도 하나님의 영역을 침범하는 것 같아 송구스러운 마음도 없지 않습니다. 그런데 누가 이런 문제로 내게 질문한다면 나는 대답할 자신이 없습니다. 그래서 하나님이 허락한다면, 한번 천국이나 지옥에 갔을 때 알아보고 싶다는 뜻입니다.

□ 육체를 떠나는 영은 많은 위험에 노출된다.

하지만 오늘 여러분과 나누고 싶은 이야기의 본론은 이런 문제가 아닙니다. 사람이 육체를 벗어나는 순간에는, 수많은 위험이 도사리고 있다는 사실을 꼭 알고 있어야 한다는 것입니다. 사후세계에는 빛의 천사로 가장한 사탄이 먹이감을 호시탐탐 노리고 있기 때문입니다. 육체이탈을 해서 빛의 존재를 만나, 행복하고 기분이 좋았다는 사람들이 많은데, 그 빛의 존재가 누구냐가 중요한 문제입니다. 레이몬드 무디 박사는 빛의 존재는 종교적인 배경에 따라 다양하게 나타난다고 말했습니다. 다시 말해, 기독교인에게는 그리스도로, 유대교인에게는 천사로, 아무런 종교적인 교육을 받지 않은 사람에게는 그저 빛의 존재로 나타난다고 했습니다(Moody, Dr. Raymond Jr. / Life After Life/ p. 45-46).

성경에는 예수님도 빛이라고 말하고 있고, 하나님도 빛이라고 말합니다. 그런데 사탄도 자기를 광명한 천사로 가장한다고 되어 있습니다(고후 11:14). 사탄은 타락하기 전에 찬란하게 빛나는 존재였습니다(겔 28장). 천사로서 그의 이름은 루시퍼(Lucifer)였습니다. 글자 그대로 '빛을 지닌 자'라는 뜻입니다. 빛의 존재가 언제나 좋은 일을 하고, 따뜻함과 동정 어린 애정으로 감싸준다는 이유로 무디 박사는 빛의 존재가 자비로운 존재라고 오도하여, 많은 사람들을 미혹에 빠뜨렸습니다.
그의 이론에 따르면, 빛의 존재를 만나는 대부분의 사람들이 보다 사랑의 정신을 가지고 돌아온다는 것이 그 이유입니다. 하나님을 배반한 대반역자인 사탄이 사람들을 파멸에 몰아넣기 위해, 복수에 찬 기교로 사랑을 흉내낼 수 있다는 사실을 잊으면 안 됩니다.

우리는 루시퍼가 사람들을 부도덕한 생활로 빠뜨리기 위해서 의로운 존재로 나타나, 사랑과 용서를 부르짖는 기만술에 속아서는 안 됩니다. 사탄은 모든 사람을 자기 영역에 가두어 함께 망하겠다는 물귀신 작전을 펼치고 있습니다.

물론 빛의 존재가 언제나 루시퍼인 것은 아닙니다. 빛의 존재로 나타나신 예수님을 만나 삶이 변화된 사람도 많이 있지만, 그렇지 않은 경우도 있습니다. 루시퍼의 함정을 모른 채 하나님을 찾아 깊은 신비의 세계를 여행한 부부가 있었습니다. 그들은 미챌 브로드와 메리안 브로드였습니다. 이들 부부는 빛의 영들과 대화를 나누었는데, 브로드 부인은 자신들의 경험을 이렇게 말했습니다:

"이 영들은, 그들이 하나님께 속했으며, 인간은 하나님으로부터 단절되었다고 말했다. 우리는 하나님을 원하고 있었으므로 속기 쉬운 사람들이었다. 그 영들은 우리에게 하나님에 대해 좋은 것을 말해주었으며, 우리의 삶을 인도할 좋은 방법들도 말해주었다. 그들은, 또 과거를 펼쳐보여 줌으로써, 우리가 정말 하나님과 교제를 가질 수 있도록 하겠다고 약속했다.

"그들은 자신들이 직접 하나님이 보낸 자들이라고 말했기 때문에 우리는 그들이 하나님이 보낸 자들이 아니며, 그들이 실제로 악할 수도 있다는 사실을 생각할 수가 없었다. 그러나 그들이 악하다는 것을 알게 되었을 때는, 초자연적인 일들이 우리 생활 가운데 일어나고 있었다. 의식적인 우리의 마음이 우리 몸을 떠나 유계(幽界)라고 하는 곳을 실제로 여행할 수 있게 된 것이다.

"나는 지금 '보다 높은 그 처소'를 이 사탄이 차지하고 있음을 알고 있다. 나의 남편은 사람들이 생각하고 있는 것을 알 수 있었으며, 또 사람들에게 안수하여 병을 고치는 것 같은 흉내를 낼 수 있었다. 우리는 이때부터 사람이 사탄과 조화를 이루면, 사탄은 그 사람에게서 병의 증상을 제거하여, 그가 나았다고 믿을 수 있도록 할 수 있다는 사실을 알게 되었다.

"이런 식으로 내 남편은 그릇된 교리를 믿게 되었다. 나는 9년 동안 하나님을 찾았고, 그는 18년 동안 하나님을 찾았다. 그런데, 나는 우리가 관여하고 있는 일이 악하다는 강한 느낌을 계속 가지고 있었다. 남편과 내가 담화를 나눌 때, 나는 새로운 눈으로 그를 바라보고 있는 것을 알게 되었다. 나는 그의 모습을 보고 '아닙니다. 이것은 악이에요' 하고 말했다. 그리고 그것이 악이었다는 것을 알 수 있었을 때, 마치 나의 전 세계가 붕괴되는 것 같았다"(이것은 그녀가 뉴욕의 어느 부흥집회에서 간증한 것이다).

이 사실을 깨달았을 때 그녀에게는 진리에 대한 강렬한 내적 갈등이 일기 시작했으나, 그녀가 뉴욕에 있는 매서피쿠아 성막 교회(Massapequa Tabernacle)에서 그리스도에게 자기 인생을 맡겼을 때, 그 갈등은 종식되었다. 그녀의 남편은 그 후로 개종하여 마귀의 포로에서 풀려났다. 그녀는 다음과 같은 말로 자신의 삶을 회고하고 있다:

"나는 내가 행하고 있는 것을 정말 이해하지 못했다. 그저 좋은 기분을 가지고자 그렇게 했을 뿐이다. 그러나 나는 철저하게 오도(誤導)되고 있었다. 이제 우리는 예수님과 동행하고자 한다. 사탄이 어떤 종류의 불신앙으로 우리를 대적해 올 때, 그것이 무엇이든 하나님의 말씀 가운데 있지 않으면, 나는 결코 내 생활 가운데 그것을 받아들이지 않을 것이다."

이들 부부의 이야기를 듣고, 어떤 생각이 들었습니까? 하나님을 알려면 성경책을 가까이 두고, 항상 읽고, 묵상하면서 말씀 속에서 하나님의 음성을 듣고 신앙생활을 해야 하는데, 인위적으로 유체이탈을 해서 영계를 이리저리 여행하다가 다른 영들을 만나, 그들로부터 정보를 받는 채널링을 통해 사탄의 수중에 빠지는 일이 흔히 있습니다. 이런 일을 방비하기 위해서 나는 이미 3권과 4권에서 이런 위험성을 자세히 다루었습니다. 그러나 지금 천국이나 지옥 방문을 원하는 자들에게 경각심을 주기 위해 다시 이 글을 쓰게 되었습니다.

□ 빛의 존재를 조심하라.

영계 체험 중에 악한 영인 줄 모르고, 빛의 존재가 보여준 환상(幻像)의 영역을 천국이나 지옥으로 착각하는 위험이 있으니 조심해야 합니다. 빛의 존재를 만나고 죽음에 대한 두려움이 사라졌다고 좋아하는 사람도 있는데, 진짜 주님을 만났으면 죽음이 두렵지 않을 수도 있지만, 사탄이 죽음의 공포를 제거해 주려고 십자가를 우회하여, 그리스도의 일까지 흉내내는 그의 간계에 빠지면 안 됩니다. 어두운 터널을 통과하여 빛을 만났다고 좋아할 일도 아닙니다. 진리에 어두운 사람들이 어두운 터널을 지나 빛을 향해 가고 있을 때, 사탄이 터널 끝에서 빛의 옷을 입고 기다리고 있다는 것을 꼭 명심하시기 바랍니다. 제가 천국 가이드이다 보니 여러 가지 세밀한 부분까지 노파심에서 챙기고 있다는 것을 이해해 주셨으면 합니다.

우리가 가야 할 천국은 아직도 먼 길입니다. 이 글을 쓰는 나를 방해하여 천국 시리즈를 못쓰게 하려고 내 몸을 망가뜨려 엄청난 고통을 주고 있는 것을 보면, 틀림없이 천국을 사모하는 여러분도 이모저모로 공격해 올 것이 뻔합니다. 이럴 때 절대로 기죽으면 안 됩니다. 과감하게 사탄을 대적하여 맞서 싸우면 사탄도 자기가 이미 패배한 원수인 것을 알기 때문에, 자기도 주춤거리게 됩니다. 내가 글을 못 쓰도록 무자비하게 공격한 결과는, 내가 아픈 몸을 이끌고 다니면서도 평소보다 글을 두 배나 더 많이 썼다는 것입니다. 사탄의 처음 공격을 받았을 때, 너무 힘들어 도저히 더 이상 글을 쓸 수 없을 것 같았습니다. 하지만 나는 굴복하지 않고, 불굴의 신념으로 계속 글을 써서 이제 마무리 단계에 왔습니다.

여러분도 사탄의 공격을 받으면 절대로 두려워하지 말고, 우리와 함께하시는 분이 저들과 함께하는 자보다 많다는 사실을 아시고 과감히 맞서 싸워서, 모든 시험과 연단을 무사히 잘 통과하여 영광스러운 천국에서 만나기를 소원합니다.

20

마지막 경고

✎ 저는 지금 숨이 끊어질 듯한 절박한 심정으로, 독자 여러분들에게 마지막 경고 메시지를 전하고 싶어 급히 이 글을 쓰게 되었습니다. 만사를 제쳐놓고, 지금 여러분에게 가장 중요한 일이 무엇인지 한 번만 신중히 생각하는 시간을 가졌으면 어떨까 하고 제안을 드리고 싶습니다. 정신없이 바쁘게 움직이며 살지만, 그것이 무엇을 위한 것인지 생각해 보

자는 것입니다. 당장 먹고 사는 일이 급할 수도 있습니다. 눈앞에 닥친 일이 자신의 장래와 직결된 일이라 하더라도 이보다 더 시급한 일이 있다면, 그것부터 해결하는 것이 현명하게 인생을 사는 방법이라 생각합니다.

지금이야말로 중대한 결단을 내려야 할 절체절명의 중대한 고비에 서 있다는 경각심이 필요한 때입니다.

◈ 중대한 결단을 내려야 할 시점

고비(crisis)라는 것은 위기와 기회가 공존하는 아주 절박한 시점입니다. 사는 길과 죽는 길이 함께 있는 생사의 갈림길인 만큼 타이밍이 아주 중요합니다. 선택을 잘하면 영원히 살고, 선택을 잘 못 하면 영원히 멸망하는 숨 막히는 시간과 영원의 교차로입니다. 이 중대한 기로에서, 결단을 내리지 못하고 머뭇거리다가 영원히 후회하는 일이 생긴다면 어찌 하려고 하십니까? 그때 가서 한 번만 기회를 달라고 애원해 봤자 소용없는 일입니다. '설마 무슨 일이 있겠어?' 하고 방심하다가 영원을 그 끔찍한 지옥 고통 속에서 보내려고 하십니까?

어린 여학생이 지옥 고통을 견디지 못해 비명을 질러대며 절규하는 소리가 아직도 귀에 들리지 않으십니까?

나는 그 어린 학생의 비명소리 때문에 잠을 이룰 수 없었습니다. "잘못했어요! 한 번만 기회를 주세요! 제발 여기서 나가게 해주세요!" 하고 외치는 소리가 남의 소리 같습니까? 지금 당장 교회로 달려가서 예수님을 영접하십시오. 아직 이 땅에서 살아 숨 쉬고 있다는 것에 감사하십시오. 자신의 영원한 운명을 바꿀 기회가 있다는 것은 천만다행이 아닙니까? 이 소중한 기회를 놓치고, 영원히 후회하는 미련한 자가 되지 마십시오. 여러분은 타이밍을 놓쳤을 때, 지옥에서 무슨 일이 일어나는지를 앞에서 다 보지 않았습니까? 지옥에 온 지 1,800년이 지난 어떤 남자가 아직도, "한 번만 기회를 주세요" 하고 부르짖는 소리를 듣지 못하셨습니까?

어차피 이 세상은 우리가 떠나야 할 멸망의 도시요 장망성(將亡城)입니다. 세상에 무슨 미련이 남아 망설이십니까? 잠시 머물다가 떠나야 하는 세상이 그리도 좋습니까? 눈 깜짝

할 사이에 세상의 부귀영화는 물거품이 되고 맙니다. 사람이 죽을 때 별세(別世)라는 말을 쓰지만 사실 별세란 탈출을 의미하는 '엑소도스'라는 뜻도 있습니다. 인간은 죽음으로 끝나는 것이 아니라 새로운 세계를 향해 떠나는 것을 의미합니다. 이스라엘 백성이 노예생활을 하던 애굽(이집트)은 장망성으로 예표되고 있습니다. 그들이 애굽에서 나오는 데는 하루가 걸렸지만, 마음에서 애굽을 지우는 데는 40년이 걸렸습니다. 천국으로 예표되는 가나안을 향해 떠났으면 옛 세상인 애굽은 잊어야 하는데 이스라엘 백성은 열악한 광야생활이 힘들다고, 옛 세상이 더 좋았다며 그곳으로 돌아갈 생각만 하다가, 결국 선과 악을 분별하지 못하는 어린 자녀들을 제외한 출애굽 1세대는 가나안에 들어가지 못하고 광야에서 다 쓰러져 죽었습니다. 광야는 생존을 위협하는 고난도 있었지만, 거기는 하나님의 말씀을 들을 수 있는 곳이기도 했습니다.

하나님 없는 안락함보다, 하나님의 말씀을 들을 수 있는 광야가 천국으로 가는 데 도움이 되는 줄 모르는 사람들이 많습니다. 하나님 없이 세상 쾌락을 누리다가 지옥 가는 것보다, 십자가의 길이 힘들고 어렵긴 하지만, 하나님의 말씀을 들으며 신앙생활 하다가 천국 영광의 세계로 가는 것이 낫기 때문에 많은 사람들이 이 길을 선택했습니다. 이것은 믿음의 사람만이 갈 수 있는 길입니다. 이스라엘 백성은 엉겁결에 모세의 말을 듣고 애굽을 떠나긴 했지만, 그들은 미래 세계에 대한 확고한 신념이나 가치관이 없었습니다. 그래서 그들은 새로운 세계를 향해 떠난 것이 과연 잘된 일인가 의심하며 자주 마음이 흔들렸습니다.

절대가치, 절대진리에 대한 확고한 신앙 철학이 정립되어 있지 않으면, 덧없는 세월을 나그네로 사는 인생이 천성을 향해 가겠다는 결단은 쉽지 않은 것이 사실입니다. 그렇지만 이것만이 사는 길이기 때문에 망설이지 말고 우리 모두는 새로운 세계를 향해 당장 출발해야 합니다. 마귀는 새로운 길이란 없다고 속삭이며 어떻게 해서든 천성을 향해 떠나려는 사람들의 마음이 흔들리게 하여, 그들의 발을 세상에 묶어 두려고 온갖 수단 방법을 다 동원합니다. 그래도 예수 믿고 천국 가겠다고 우기면 마귀는 한발 물러서면서 말합니다.

"예수를 믿어도 유별나게 호들갑 떨지 말고 적당히 믿으라. 예배도 주일마다 가지 말고, 편리할 때 한 번씩 가서 체면 유지나 하고, 너무 티나게 기도한다, 봉사한다, 전도한다 하지 말고, 문화인으로 믿으라. 세상이 얼마나 살기 좋으냐? 세상을 즐기며 살아도 얼마든지 천국에 갈 수 있다. 솔직히 말해서, 고리타분한 교회보다 세상이 훨씬 신나고 재미 있지 않니?"

이렇게 사탄의 미혹에 속아, 신세 망친 사람이 한두 명이 아닙니다. 요즘 청년들은 고등학교만 졸업하면 교회에 나오지 않습니다. 사탄의 올무에 걸려 '세상'이란 사탄의 영역에서 탈출할 힘이 없어 사탄의 노예로 살다가 갑작스런 사고를 당하여 죽게 되면, 악귀들은 그들이 시키는 대로 했는데도 지옥에서 무자비한 고통을 가합니다. 성경은 장차 망할 현대문명 사회를 '바벨론'이라 지칭하며 이렇게 경고합니다.

"내 백성아, 거기서 나와 그의 죄에 참여하지 말고, 그가 받을 재앙들을 받지 말라"(계 18:4).

◆ 타이밍을 놓치지 말라.

더 이상 머뭇거릴 시간이 없습니다. 지금 결단하지 못하고 망설이는 것은 자신의 영혼을 걸고 도박하는 위험천만한 일입니다. 내일 어떻게 될지 누가 알겠습니까? 성경은 다시 경고합니다.

"내 백성아, 너희는 거기서 나와 나 여호와의 무서운 진노를 피하라"(현대인의 성경, 렘 51:45).

지옥은 하나님을 거부한 사람들을 무서운 진노로 심판하는 곳입니다. 지금 때가 시급하니 빨리 결단하여 멸망의 자리에 있지 말고, 거기서 나오라고 촉구하고 있는 것입니다. 실제로 있었던 사건을 통해, 타이밍의 중요성을 깨닫고 당장 예수님을 구주로 영접하시기 바랍니다.

이제 막 제대한 〈로저 심스〉는 무거운 군용 배낭을 메고, 차를 얻어타려고 길에서 지나가는 차를 기다렸습니다. 차들은 배낭을 멘 군인을 보고 그냥 지나갔습니다. 그런데 고급차 한 대가 그의 앞에 멈춰섰습니다. 로저는 조심스럽게 배낭을

뒷좌석에 놓고, 고맙다고 인사를 하며 앞좌석에 앉았습니다. 흰머리의 잘 생긴 중년 신사가 친절한 웃음으로 환영해 주었습니다. 로저는 시카고로 가는 길목에 집이 있었습니다. 그 중년 신사는 시카고에서 사업을 하시는 분이었습니다. 그 사업가의 이름은 하노버였습니다. 이런저런 이야기를 나누다가 크리스찬인 로저의 마음에 전도를 해야겠다는 생각이 들었습니다. 그러나 하노버 씨는 자신보다 나이가 많고 살아가는 데 부족함이 없이 모든 것을 다 가지고 있을 것 같은 부유한 사업가에게 복음을 전하는 일은 쉬운 일이 아니었습니다. 약간 겁도 나고 망설여지기도 했습니다. 그러나 내릴 때가 가까워오자, 로저는 지금이 아니면 영원히 할 수 없을 것 같은 생각이 들어서 "하노버 씨, 꼭 드리고 싶은 중요한 얘기가 있는데요" 하면서 구원의 길을 설명했습니다.

로저는 복음을 전한 후에, 그리스도를 영접하기 원하시는지 물었습니다. 놀랍게도 그 순간 하노버 씨가 큰 차를 길가에 세웠습니다. 로저는 자기를 차에서 내쫓으려는 줄 알았습니다. 그때 이상하고도 멋진 일이 벌어졌습니다. 그 사업가는

핸들에 머리를 숙이고, 그리스도를 마음에 영접하고 싶다고 말하며 울기 시작했습니다. 그렇게 하노버 씨는 예수를 영접하고, 로저를 그의 집 앞에 내려주고서 시카고로 향해 떠났습니다.

그 후 5년이 흘러, 로저는 결혼도 하고, 아이도 생겼습니다. 개인 사업을 시작한 그는 시카고 출장을 준비하다가 몇 년 전에 하노버 씨가 준 명함을 발견하고 그를 찾아갔습니다. 시카고 한복판에 멋진 빌딩을 갖고 있었습니다.

하노버 씨를 만나러 왔다고 했더니, 건물 안내원은 커다란 책상 앞에 앉아 있는 50대의 여자에게로 안내했습니다. 그녀는 "제 남편을 아세요?" 하고 물었습니다. 자기를 태워준 친절한 분이었다고 하자 그때가 언제냐고 물었습니다.

"5년 전 5월 7일, 제가 군에서 제대한 날입니다."

"그래요? 차 안에서 특별한 일이 있었나요? 그리 흔하지 않은 일 말이에요."

로저는 망설였습니다. 복음을 전했다는 말을 해야 할지, 그 일 때문에 혹시 이혼한 것은 아닌지, 약간의 두려움도 있었지만 사실대로 말했습니다.

"남편께서 그날 주님을 영접하셨어요. 제가 복음을 전했더니 차를 세우고 우셨어요. 그리고 구원의 기도를 하기로 결정하셨어요."

갑자기 그녀가 마구 흐느껴 울기 시작했습니다.

"전 기독교 집안에서 자랐어요. 하지만 남편은 아니었습니다. 저는 수년 동안 남편의 구원을 위해 기도하면서 하나님이 분명히 남편을 구원해 주실 것을 믿었어요. 그런데 당신을 태워준 바로 그날 남편은 무시무시한 정면 충돌 사고로 세상을 떠났습니다. 집에 돌아오지 않았어요. 저는 하나님이 약속을 지키지 않으셨다고 생각했지요. 그래서 약속을 지키지 않은 하나님을 비난하면서 5년 동안 주님을 떠난 삶을 살았거든요."

◆ 구원의 절묘한 타이밍:

하나님은 신실하신 분이십니다. 하나님의 계획 안에서 하노버의 죽음이 예정된 바로 그 시간에, 로저가 그의 차에 타게 된 것입니다. 이것도 모르고, 하나님을 원망하며 5년 동안 교회를 떠나 있었던 그 아내의 어리석음을 로저의 방문으로 깨우쳐 주었고, 그녀도 다시 신앙생활을 하게 되었습니다. 전도하는 자가 있어야 구원받는 자도 있다는 것을 기억합시다.

21

보물을 하늘에 쌓는 방법

✎ 천국에 보물을 쌓는 문제는 천국 시리즈 여러 곳에 많이 언급했는데 여기서 다시 논하게 된 것은 천국 입성을 앞에 두고 있는 사람들에게 이것이 대단히 중요한 문제이기 때문입니다. 우리가 천국 탐방을 하는 것도 천국의 실상을 알고 그곳에 우리 인생을 투자하기 위함입니다. 천국이 화려하고 아름답다는 것을 지적으로만 받아들이고, 천국에 가

는 데 실패하거나 천국에 가도 쌓은 보물이 없어 후회하는 일이 없어야 할 것입니다.

◆ 돈이 만능은 아니다.

존 레이(John Ray)는 "돈은 전능(全能)이다"라고 말했다. 돈이 만능이라면 인간은 돈이라는 폭군 앞에 굴복할 수밖에 없다. 돈의 노예로 살면서 하나님을 위해 산다는 것은 어려운 일이다. 만일 우리가 돈의 어마어마한 위력을 인정해 버리면, 이것은 우리 스스로가 맘몬이라는 신을 숭배하겠다는 굴종적인 고백이 될 수밖에 없다. 그래서 우리가 천국에 보물을 쌓기 위해서는, 돈이 만능이 아니라는 인식부터 가질 필요가 있다. 물론 돈이면 무엇이든지 할 수 있다는 사람에게는 이 세상에서 돈보다 더 소중한 것이 없을 것이다.

막심 고리키(Maxim Gorky)는 "돈을 가져야 사람은 자기가 좋아하는 대로 살 수 있다. 자기가 좋아하는 한 루블은 형제보다 더 소중하다"고 하였다. 돈이 우리 사회의 모든 가치를 지배하는 세상에서는 사람의 값은 보잘것없어 보인다. 에드워드 빌즈(Edward E. Beals)는 "돈은 자유, 독립, 해방을 뜻한다"며 돈이 인간의 안녕과 행복에 필요한 거의 모든 것의 상징이라고 말했다. 과연 이 말이 맞는 것일까? 돈은 인간에게 자유를 줄 수도 없고, 행복을 줄 수도 없다. 생활의 불편을 덜어준다는 의미에서, 돈이 인간의 경제생활에 절대적인 비중을 차지하는 것은 사실이다. 그렇다고 돈이 세상에서 가장 중요한 것은 아니다.

◈ 돈보다 소중한 것이 있다.

　행복이란 돈이 많은 데 있는 것이 아니라, 돈보다 소중한 것이 있다는 사실을 아는 데 있다. 성도가 천국에 보물을 쌓으려면 돈의 가치를 초월하는 소중한 것이 있다는 인식을 가질 필요가 있다. 인간은 밤낮 돈 때문에 싸우고, 법정에서 다투고, 죽이는 일이 다반사가 되어 오히려 돈이 불행의 원인이 되는 경우가 많다.

　1930년 11월 16일 밤에 81세의 과부 헨리에타 가렛

(Henrietta Garrett)이 필라델피아 자기 집에서 죽었다. 그녀는 유언을 남기지 않은 채 1,700만 불의 재산을 남겨 역사상 최대의 상속소송이 벌어졌다. 가렛은 1895년 남편이 죽은 이후 전문가 못지 않게 재산관리를 잘했는데, 왜 유언을 남기지 않았는지 미스테리이다. 어쩌면 그녀는 자신의 재산 때문에 법적 싸움이 일어날 것을 알고 있었는지도 모른다.

당시 8촌 정도의 친척 한 명과 20명 안팎의 친척들이 있었는데, 26,000명의 사람들이 그녀와의 친척관계를 증명하며 재산의 일부 또는 전체를 요구하고 나섰다. 그것도 47개 주와 해외 29개 나라에서 상속권을 주장하고 나선 사람들의 변호사만 3,000명이나 되었다. 죽은 자의 친척이라고 주장하는 이 사람들은 위증도 하고, 가계부를 조작하기도 하고, 이름을 바꾸는가 하면, 성경 자료까지 수정하고, 근거 없는 이야기를 조작하였다. 이쯤되면 온 세상이 돈 때문에 미쳤다는 소리를 들을 만한 상황이었다. 이 일로 12명이 벌금형을 받았고, 10명이 투옥되었으며, 2명은 자살하였고, 3명은 살해되었다. 그러는 사이에 재산은 3,000만 불로 늘어났지만 아직도 해결되지 않은 채 남아 있다. 돈보다 소중한 것이 있다는 것을 안다면 돈 때문에 싸우고 죽는 일이 줄어들 것이다.

◆ 돈에 대한 인식을 바꾸어라.

돈이 나쁜 것은 아니지만, 돈이 불행의 원인이 된다면 돈에 대한 인식을 바꿀 필요가 있다. 돈의 가치를 유형의 재산에만 국한시켜서는 안 된다는 뜻이다.

요즘 혁신적인 기업가들 중에는 컴퓨터 하나만 가지고 돈을 버는 사람들이 많이 있다. 그들은 유형의 재산은 없고, 머리에 든 아이디어 프로그램만 가지고 재산을 증식한다. 그들에게는 토지도 없고, 금이나, 석유, 공장, 산업 공정도 없다. 세계적 부를 누리면서도 지적 재산만 가진 것은 인류 역사상 유례없는 일이다. 재산을 소유한다는 개념은 가능하지만, 지식을 소유한다는 개념은 명확하지 않는데도, 돈이 될 만한 프로그램을 개발해 지적 소유권을 사고팔아서 지식으로 세계적 부를 소유하는 자들이 늘어나고 있다. 특히 인공지능 프로그래머들은 눈에 보이는 재산만 돈이 아니라, 눈에 보이지 않는 재산도 있음을 증명하고 있는 것이다.

예수님은 2,000여 년 전에 하늘에 보물을 쌓으라고 말씀하심으로써 무형의 재산이 있음을 가르쳐 주셨다. 천국에 보물을 쌓고자 하는 사람은 돈이나 재산에 대한 인식을 바꿀 필요가 있다. 땅에 쌓은 보물은, 가렛의 경우처럼 사람이 영원을 사는 데 전혀 도움이 되지 않는다. 오직 하늘에 쌓은 보물만이 영구히 보존되어, 영원한 가치로 남아 자기에게 축복이 된다. 그렇다면 어떻게 보물을 하늘에 쌓을 수 있는가? 마리테인은 "나를 위한 빵은 물질적인 문제이고, 내 이웃을 위한 빵은 영적인 문제이다"라고 하였다. 보물을 하늘에 쌓는 방법은 물질을 다른 사람을 위해 쓰는 것이다.

◆ 평생 하늘에 투자한 사람들

천국에 보물을 쌓는 방법을 터득한 사람들은 천국 투자에 전 생애를 바친 사람들이다. 한국에 선교사로 온 서서평은 천국에 얼마나 많이 투자했는지, 그녀가 세상에서 소유한 것은 아무것도 없고, 예수가 전 재산이었다. 서서평 선교사는 월급을 받으면 절반은 교회에 바치고, 학교 경비와 장학금으로 쓰고, 눈앞에 굶주리는 사람들에게 나누어주고 나면 어느새 빈털털이가 된다. 그러다가 급히 돈을 써야 할 일이라도 생기면 빚을 얻는 등 쩔쩔매는 일도 있어서 규모가 없다는 비평도 들었다. 그러나 돈이 생기는 즉시, 하늘에 보물을 쌓겠다는 그녀의 투자철학을 나무랄 수는 없다. 항상 돈이 없으니 옷차림도 허술하기 짝이 없었다.

구두 한 켤레 없이, 한국 남자 검정고무신에 싸구려 치마를 입고 다니던 서 선교사는 내한 20주년 기념행사 때, 사진을 촬영하려고 동료들이나 교인들이 구두를 찾아 헤맸지만 구두가 낡아 떨어진지 오래 전이었다. 서서평 선교사의 생각은 내일 염려는 내일 하고, 오늘 해야 할 일은 오늘 해야 한다는 것이다. 내일 나 먹기 위해 오늘 굶는 사람을 그대로 못 본 척할 수 없으며, 옷장에 옷을 넣어 두고 당장 추위에 오들오들 떠는 사람을 모른 척할 수 없어 닥치는 대로 도왔던 것이다.

그렇게 살다가 간 서서평 선교사가 남긴 유산은 반쪽짜리 담요 한 장, 지갑 안에 든 돈 7전, 부엌에 강냉이 가루 2홉, 은행 당좌 재고는 제로였다고 한다. 나는 지금 이 글을 쓰면서 스스로 가난을 선택한 하늘의 성녀를 생각하니 눈물이 앞을 가려 글을 쓰기도 힘들다. 내게 천국을 방문하는 기회가 주어진다면 위대한 인생을 산 서서평 선교사를 만나, 한국인을 대표하여 고맙다는 인사로 큰 절을 하고 싶은 심정이다.

서서평 선교사가 낡은 치마에 남자 검정 고무신을 신고 미국에 갔을 때 그녀의 부모님은 딸의 행색을 보고 탄식했다고 한다. 한국 사람을 사랑하고, 한국 사람을 위해 모든 것을 바쳤던 서 선교사는 예수님의 말씀대로 나누어주고 베푸는 삶을 일평생 실천했다. 지금 그녀가 누리고 있을 하늘의 영화를 생각한다면 그녀의 선택이 옳았음을 알 수 있다.

밀러드 풀러(Millard Fuller)는 가난한 집안에서 태어나 비참하게 살다가, 가난에 한이 맺혀 돈 버는 일에 목숨을 걸었다. 그는 안 해본 일이 없이 온갖 잡일을 하고, 열심히 살아 28세에 백만장자가 되고, 변호사와 사업가로 명성을 날렸고, 2만 평의 대지에 큰 저택을 갖고 자가용 비행기에 스포츠용 보트로 호화를 누리며, 매일 늘어나는 재산에 돈 세는 재미로 살았다. 그런데 재벌의 대열에 합류했다고 생각했을 때 갑자기 사건이 발생했다. 아내 린다가 한 장의 편지를 남겨놓고 가출한 것이다.

"나는 돈과 결혼하지 않았다. 예수님과 점점 멀어지는 당신과는 더 이상 삶을 계속할 이유가 없다."

너무나 큰 충격을 받은 밀러드는, 자신도 모르게 지독한 물질주의자로 변한 자신을 탓하며 아내를 찾아 뉴욕으로 날아갔다. 그리고 세상의 부와 권세와 쾌락을 추구해온 자신의 삶을 회개했다. 그는 이제부터라도 하나님의 나라와 의를 위해 살아야 한다는 생각을 하게 되었고, 자신의 결심을 증명하기 위해 모든 사업을 정리하여 최소한의 물질만 남겨놓고, 모든 돈을 사회단체나 불우 이웃에 선뜻 기증하고, 아내와 함께 아프리카로 가서 살았다. 최고의 삶에서 최악의 삶으로 바뀐 자이르에서의 삶은 비참할 정도였다. 그는 빈곤한 사람들에게 사랑과 복음을 전하는 것으로 만족했다.

그후 미국으로 돌아와 흑인들과 함께 살면서, 여럿이 힘을 모아 집 없는 사람들에게 집을 지어주는 해비타트 운동을 시작했다. 밀러드 풀러는 유형의 재산은 포기했지만, 무형의 재산을 증식하여 하늘에 보물을 쌓는 지혜로운 사람이 되었다.

◆ 총평: 지금까지 천국 투자에 대한 메시지를 읽고 느낀 점이 많았으리라 믿습니다. 하늘에 보물을 쌓는 것이 진정한 부자가 되는 길임을 아시고 꼭 실천하여 천국 영광을 누리는 여러분이 되었으면 좋겠습니다. 지금까지 함께해 주신 여러분께 감사드립니다.

22

빛과 어두움의 차이

✎ 정말 이상합니다. 요즘 몸 상태가 너무 안 좋아 더 이상 글을 쓸 수 없는 상황인데도, 눈만 감으면 빛과 어두움의 차이에 대한 글을 꿈속에서 계속 쓰고 있습니다. 꿈속에서 쓴 글이 현실인 줄 알고, 핸드폰을 열어보면 아무 것도 쓰여 있지 않아 허탈한 기분이 듭니다. 왜 이런 일이 일어나는지 저도 모릅니다. 평소에 생각했던 일도 아닌데 최근

4~5일 동안 밤낮으로 똑같은 꿈을 계속 꾸고 있습니다. 하는 수 없이 지금 낮인데도 이 꿈을 꾸고 결국 핸드폰을 들고 이 글을 쓰게 되었습니다.

그림자 정부의 어두운 실체를 파헤치라는 주님의 뜻일까요? 이것은 적그리스도의 영들과 한판 싸움을 예고하는 것인데다, 그 내용이 방대하여 천국 시리즈에 어울리지도 않을 뿐더러 내 체력이 바닥난 상태에서는 불가능한 일입니다. 하지만 아무리 힘들어도 몇 편 더 써야 한다는 주님의 지시로 받아들이고 싶습니다.

빛과 어두움이란 상반되는 이원론적 주제인데 빛의 세계가 있고, 어둠의 세계가 있다면, 빛의 세계를 어두움의 세계에 대비시킨 것이라 할 수 있습니다. 말할 것도 없이 하나님은 빛이시고 빛의 세계 천국을 만드신 분이십니다. 반면에 어두운 그림자 정부의 수장인 적그리스도를 배후 조종하며 빛의 존재로 행세하는 사탄 루시퍼는 지옥의 주인입니다. 그러니까 빛과 어두움의 차이란 결국 하나님과 사탄의 차이요,

하늘과 땅, 구원과 멸망, 천국과 지옥, 생명과 죽음의 차이요, 신자와 불신자, 하늘의 사람과 땅의 사람, 광명한 빛 가운데 사는 자와 칠흑같이 캄캄한 어두움에 사는 자의 차이라 하겠습니다. 빛과 어두움의 차이는 천국 메시지 전반에 이미 다 표현된 것이지만, 이 극명한 차이를 총정리해서 독자들에게 숙지시켜, 지옥에 가는 자가 없게 하라는 주님의 뜻으로 받아들여 순종하기로 했습니다.

◈ 빛과 어두움

천국은 빛이신 예수님이 계시기 때문에 그림자 하나 없이 밝고, 환하고, 멋있고, 화려하고, 아름답고, 숨이 넘어갈 정도로 감동적이고, 매력적이고, 흥분되는 곳입니다.

반면에 지옥은 빛이 차단된 캄캄한 암흑 세계입니다. 빛이 비치지 않는 지하 감옥에서는 아무런 고통을 가하지 않아도 어두움 그 자체가 공포의 대상입니다. 빛이 없는 곳에서는 사람은 물론 동식물도 살 수 없습니다. 사람이 빛이 없는 곳에 하루만 갇혀 있어도 어두움에 짓눌린 심적 고통은 이루 말할 수 없을 것입니다. 빛이 없는 캄캄한 지옥에서 하루 이틀도 아니고 영원을 보내야 한다고 생각해 보십시오. 두려움과 외로움이 더 큰 공포로 다가올 것입니다. 그곳은 인간이 살 수 없는 죽음의 공간입니다.

◈ 희망과 절망

천국은 절망의 세계에서 희망의 세계로 탈출한 사람들이 사는 곳이라 매일매일 사는 생활이 즐겁고, 활기가 넘치고, 박진감이 넘치고, 황홀함과 아름다움에 탄성을 지르며 감격하며 살 수 있는 곳입니다. 희망의 문이 활짝 열린 자유의 세계, 우주 최고의 가장 이상적인 유토피아이기에 그 희열을 생각만 해도 전율을 느낄 수 있어, 순교자들은 타오르는 원수의 분노에도 두려워하지 않고, 불속에서도 하나님을 찬양했습니다. 화형당하는 날 순교자들이 불속에서도 기뻐하며 손뼉을 치고 주님을 찬양할 수 있었던 것은, 잠시 후 천국에서 맛있는 저녁 성찬을 들게 될 것을 기대하는 희망 때문이었습니다.

빛은 희망의 상징인 반면에, 흑암은 절망의 상징입니다. 빛이 없는 캄캄한 암흑 세계에 무슨 희망이 존재하겠습니까? 지옥 입구에 "이곳에 오는 자는 희망을 버리라"란 팻말이 붙어 있다고 합니다. 사람은 희망이란 빵을 먹고 사는 존재입니다. 키에르케고르는 희망 없는 절망을, '죽음에 이르는 병'이라고 말했습니다. 그는 자신을 '비존재'(nonbeing)로 생각하는 사람을 '비생존'(not being)의 위험에 처한 사람으로 본 것입니다. 빛이 차단된 지옥의 캄캄한 공간에서는 생존하고 있으면서도 죽은 자같이 사는 절망적 형태의 삶이 '비생존'인데, 살아야 할 의지도, 이유도 없어 죽음에 이르는 병에 걸린 환자들이 모인 곳이 지옥입니다. 그리스도는 모든 믿는자들에게 '영광의 희망'(the hope of glory)이라고 성경은 말합니다(현대인의 성경, 골 1:27).

우리 희망의 근거이며 우리 생존의 뿌리가 되는 예수 그리스도 안에서는 '새로운 창조'가 가능합니다. 사도 바울은, "누구든지 그리스도 안에 있으면 새로운 피조물"이라고 말했습니다(고후 5:17). 폴 틸리히(Paul Tillich)는 이 '새 피조물'을, '새로운 존재'라고 말했습니다. 그리스도를 구주로 믿는 '새로운 존재' 안에서는, 새 창조 역사가 가능하므로 희망의 지평이 열리는 것입니다.

하지만 지옥 거주자들은 그곳에서 탈출할 희망이 없습니다. 만일 백만 년 후에 지옥을 벗어날 수 있다는 한가닥의 희망이라도 있다면, 그들은 이를 악물고 그 고통을 이겨내려고 애쓰며 끔찍한 고통이라도 견디기가 한결 나을 것입니다. 그러나 그들은 영원히 그곳을 벗어날 수 없다는 절망감 때문에 죽고 싶어도 죽지 못하는, 상상하기 힘든 고통을 당하고 있습니다. 희망의 문이 닫힌 절망의 불구덩이에서 울부짖는 가련한 영혼들의 절규와 비명이 남의 일 같지 않아 가슴이 아픕니다.

◆ 생명과 죽음

천국은 생명 창조의 주인이신 하나님의 영을 호흡하는 곳이므로 모든 생명체가 살아 숨 쉬는 생명의 공간이요, 생명의 기운이 넘치는 세계입니다. 더구나 생명의 향기로 천국의 대기를 가득 채우는 생명나무는 무한한 창조적 힘을 지닌 생명 세계의 걸작품입니다. 죽음의 영역에 살다가, 생명의 세계인 천국에 와서 생명 과일을 맛보는 사람은 그 맛과 향기에 도취되어 생명의 신비함에 황홀해질 수밖에 없습니다.

매일 죽음을 보고 살던 사람이 죽음이 사라진 생명의 소중한 가치를 인식하게 될 때, 그 감격과 황홀함이란 이루 말할 수 없습니다. 천국 성도는 하나님의 영이 물로서 현현된 생명수를 마시고, 하나님의 호흡을 들이키며, 생명의 과일을 먹음으로써 하나님의 영으로 충만하게 됩니다.

천국은 모든 동식물이 영원히 죽지 않고 사는 생명의 낙원인 반면에, 지옥은 캄캄한 암흑 속에서 죽겠다고 비명을 질러대며 절규하는 사망의 소리, 죽음의 냄새로 가득한 곳입니다. 이 세상에 사는 사람은 어차피 한 번은 죽기 마련입니다. 그러나 죽음이라고 해서 다 같은 죽음이 아닙니다. 예수 믿는 사람의 운명과, 예수 믿지 않는 사람의 운명이 하늘과 땅 차이보다 크다는 것을 알아야 합니다. 그리스도인은 언제 죽어도 생명의 세계인 천국으로 갈 준비가 되어 있어, 영혼을 담고 있던 육체를 벗어버리는 순간, 눈물도 슬픔도 없는 저 영화롭고 아름다운 천국에 가지만, 예수 믿지 않는 사람은 육체적 죽음과 동시에 그 영혼은 멸망이 기다리는 끔찍한 고통의 장소인 지옥으로 떨어집니다.

북한 지하교회 성도들은 육체적 죽음이 영원한 죽음이 아닌 육체란 옷을 벗는 것에 불과한 것을 알기 때문에, 예수 믿다가 잡혀서 죽는 것을 최고의 영광으로 여깁니다. 어른들은 물론이지만 어린아이들도 예수 믿지 않겠다고 한마디만 하면 살려주겠다고 해도, 한 사람도 예수를 부인하는 사람들이 없다고 합니다. 용광로에서 일하느라 앙상하게 뼈만 남은 사람 몇을 불러내서 머리에 쇳물을 부었습니다. 몸이 새까맣게 타서 주먹만 하게 오그라들며 죽어가는 것을 보고도 죽는 것을 두려워하는 자가 없었습니다. 또 성경책을 가졌다고 공개 처형할 때는 땅 고르는 대형 프레스로 몇 사람의 뇌를 압축시켰습니다. 두개골이 터져 뇌수와 선혈이 사방 흩어지는 참혹한 광경을 보고도 예수 믿지 않겠다는 사람이 없었다고 합니다.

북한 성도들이 상상을 초월하는 이런 끔찍한 죽음의 장면들을 목격하고서도, 믿음이 흔들리지 않고 신앙을 지키는 것은 죽음의 고통은 잠시지만 영원한 생명이 천국에 기다리고 있음을 알기 때문입니다. 그렇기 때문에 공산권에서는 감옥살이를 20년, 30년씩 하면서도 아무것도 아닌 것처럼 잘 견뎌내고 있습니다. 이것이 바로 생명과 죽음의 차이요, 천국과 지옥의 차이라 하겠습니다.

천국은 생명의 주인이신 예수님이 계시기 때문에 온통 생명의 기운이 넘치는 세계이지만, 지옥은 죽음의 사자인 사탄이 지배하고 있기 때문에 사망의 음산한 기운이 지옥 전역을 압도하고 있으며, 그 어디로 가든 뜨거워서 죽겠다고 질러대는 사망의 소리로 가득합니다. 천국은 생명의 빛과 향기로 충만한 곳인데, 지옥은 그 어디나 코를 들 수 없는 죽음의 냄새로 가득해, 견디기 힘든 살인적 악취로 미칠 지경입니다.

◈ 안식의 장소와 고통의 장소

천국과 지옥의 차이를 한마디로 말하면, 안식의 장소와 고통의 장소라고 말할 수 있습니다. 순교자들은 자기가 믿는 진리를 위해 자신의 죽음으로써 천국을 가장 확실하게 증명한 사람들입니다. 그들은 죽음이라는 잠깐 동안의 고통이 끝나는 순간 영원한 안식, 자유, 기쁨, 평화, 행복이 기다리는 천국이 있음을 믿었습니다. 그들이 지상에서 겪은 고통과는 비교도 안 되는 찬란한 천국의 영광을 맛보며, 너무나 아름답고, 화려하고, 눈이 부셔서 정신을 잃을 정도로 황홀한 천국의 광경을 바라보았을 때는, 구원받은 감격 때문에 한동안 눈물이 마르지 않았을 것으로 보입니다. 항상 기쁘고, 항상 즐겁고, 항상 감격스럽고, 항상 흥미진진하고, 언제나 스릴 넘치는 천국의 신비 속에서, 행복의 도가 날로 상승하는 기상천외한 세계를 표현할 말이 없어, "주님 감사합니다! 주님께 영광! 할렐루야!"를 외치는 성도들을 상상만 해도 기분이 상쾌해지네요.

이에 비해 지옥은 전혀 빛이 없는 깜깜하고, 아래로 내려갈수록 뜨거운 열기가 느껴지고, 온통 "뜨거워! 목말라! 여기서 꺼내주세요! 한 번만 기회를 주세요! 제발 살려주세요!" 하고 외쳐대는 동료들의 비명소리를 영원히 들으며 살아야 합니다. 본인 스스로도 그 고통을 견디지 못해 절규하면서도 거기서 빠져나갈 희망이 전혀 없다는 절망감에 하늘이 무너져 내릴 것 같은 탄식을 쏟아내는 자신의 처지를 뭐라고 표현하겠습니까? 거기다가 한시도 그치지 않는 악귀들이 가하는 형벌과 불못에서 풍기는 역겨운 유황 냄새에 자신의 영혼 전체에 스며든 지독한 악취, 그리고 회색빛 해골 속 영혼들을 괴롭히는 벌레들과 지렁이, 각종 크기의 뱀들이 가하는 고통은 도저히 견디기 어려운 고통이라는 것이, 천국의 화려한 영광과 대비되고 있습니다.

◆ 안내─글을 쓰다보니 지옥 고통을 좀 더 구체적으로 알기 쉽게 정리할 필요가 있어 같은 내용을 주제를 달리하여 써보겠습니다.

23

수많은 기회를 놓친 사람들의 탄식

✎ 눈 감으면 삶과 죽음의 문제를 결정짓는 자신의 영원한 운명을 금방 알게 되는 일을 가지고, 지옥 같은 것은 없다고 우겨봐야 소용없습니다. 지옥이 없다고 말하면 있는 지옥이 없어집니까? 지옥에서 고통당하는 사람들의 끔찍한 장면들이 내 기억에서 좀처럼 사라지지 않아 괴로울 때가 많습니다.

1. 어느 여중생은 자신의 손발가락을 잘라가며 아프다고 소리를 지르고, 입에서 수많은 벌레들이 기어나오고 들어가면서 자신의 오장육부를 파먹으니 고통스럽고 괴로워서 피를 철철 흘리며 비명을 지르고, 큰 뱀이 이 소녀의 목을 감싼 채, 그녀의 입속으로 들어가려고 혀를 내밀고 머리를 쳐들 때 너무나 무섭고 징그러워서, 그 여자 아이의 두 눈알이 밖으로 튀어나왔다가 다시 들어가고, 밖으로 튀어나왔다가 다시 들어가기를 반복했다는 이야기는 내가 잊으려고 해도 계속 내 뇌리를 맴돌며 나를 괴롭혔습니다. "아이고 아파! 아파요! 무서워요! 제발 살려주세요! 여기서 나를 나가게 해주세요!" 하고 목이 터져라 외쳐대는 그 어린 학생의 우렛소리 같은 비명소리 때문에 나는 가슴에 받은 상처가 컸던지 한 달도 넘게, 악몽에 시달리며 고통을 당했습니다.

2. 존 번연이 지옥에서 옛 친구 토마스 홉스를 만나 나눈 대화도 영원히 잊을 수 없을 것 같습니다. 그는 하나님을 대적하면서도 그의 존재를 부정할 수 없는 양심의 가책을

느꼈을 때가, 자신의 운명을 바꿀 수 있는 절호의 기회였는데, 철학자라는 유명세 때문에 그 좋은 찬스를 다 놓치고, 끔찍한 지옥 고통 가운데서 탄식하는 장면은 오늘날 예수 믿지 않는 모든 사람들이 눈여겨봐야 할 부분인 것 같습니다.

3. 김상호 장로가 만난 자살한 연예인은 말과 행동이 다른 기독교인들을 보고 예수를 믿지 않았다는 핑계를 댔지만, 후회하느냐는 질문에 후회한다면서 "이런 끔찍한 지옥이 실제로 있는 줄 알았다면, 왜 예수를 믿지 않았겠느냐?"며 때늦은 후회를 하고 있었습니다. 아직 자신의 영원한 운명을 정하지 못하고 망설이고 있는 수많은 사람들이 갑작스러운 죽음을 맞았을 때, 이 연예인과 똑같은 말을 하며 후회하고 탄식할 것이라는 생각을 하니, 두 장면이 오버랩되어 슬픔을 금할 수 없었습니다.

4. 김종원 목사가 보고 온 성공, 출세한 자들이 당하는 지옥 고통도 무척 인상적이었습니다. 김 목사는 이렇게 증언했습니다:

내가 방문했던 이곳은 백두산보다 더 높고 아주 넓은 큰 산처럼 보였다. 산 정상에는 화산이 폭발한 것같이 유황불이 용암처럼 분출하여 흘러내리는데―중략―흘러내리는 그 유황불을 피하지 못하면 그들의 살이 타고, 뼈가 타들어 갔다. 사람들은 이 유황불을 피해보려고 했지만 피할 수가 없었다.

머리가 타고, 얼굴이 타고, 가슴이 타고, 배가 타고, 허벅지가 타고, 정강이가 타고, 다리가 타고, 발이 타고, 손이 타고, 온몸이 유황불에 뼈까지 타고 재만 남았다가도 또 얼마 후에 다시 정상의 몸으로 돌아오는 것이 반복되고 있었다. 그리고 이들은 다시 산 정상을 향해 계속 기어 올라갔다(뷰티풀 천국, 쇼킹 지옥/ 베다니출판사/ p. 185).

진정한 의미의 성공은 예수 믿고 구원받아, 숨이 넘어갈 듯이 화려하고, 영화롭고, 신비로 가득한 천국에서 노쇠나 죽음 없이 청춘을 영원히 사는 것인데, 권력에 눈이 멀어 짧고 허망한 세상 영화를 잠시 누리다가 완전히 희망이 차단된 캄캄한 지옥 불구덩이에 떨어져, 영원을 보내야 하는 인간의 어리석음을 보면서 내 영의 탄식이 끊이지 않아 괴롭습니다. 성공, 출세의 정상에 오르겠다는 덧없고 헛된 망상을 버리고, 지금이라도 정신을 차리고, 길이요 진리요 생명이신 예수님을 만나, 진짜 성공의 정상에 오르기를 두손 모아 빌어봅니다.

5. 메리 백스터 여사가 증언한 어느 대형교회 목사는 끔찍한 지옥에서 창으로 가슴에 찔림을 당하고, 밤낮으로 고통당하는 것이 괴롭다며 주님께, 자비를 베풀어 그곳에서 나가게 해달라고 부르짖었지만 소용이 없었습니다. 그는 큰 교회, 멋진 자동차, 많은 사례비에도 만족하지 못하고, 세속적인 욕망에 사로잡혀 성도를 기만하고, 교회 헌금까지 도둑질했습니다. 일단 예수 믿는 자는 구원받았으니, 세상 향락을 누려도 천국 간다고 속이며, 성도들을 타락의 길로 이끌었습니다(내가 본 지옥/ p. 66-67).

물론 큰 교회 목회자라고 해서 다 이렇게 사는 것은 결코 아닙니다. 대형교회 중에도 신실한 주님의 종들이 많습니다. 성공, 출세라는 번영신학에 몰두하다가 진리에서 일탈한 소수의 사람들 때문에 교회가 지탄의 대상이 되어 세상 사람들이 오히려 교회를 염려하는 웃지 못할 일이 일어나는 것은 정말 가슴 아픈 일입니다.

□ 지옥 영혼들의 후회와 탄식

지옥에서 고통당하며 영원한 하나님의 진노의 대상이 된다는 것이 참혹하다며, 존 번연이 지옥에서 만난 한 영혼은 이렇게 말했습니다.

"나는 이렇게 추한 몰골로 전락했는데, 천국에 올라간 성도들은 하나님의 형상을 되찾아 얼마나 찬란하게 빛나고 있을까! 나도 그들처럼 영광스럽게 될 기회가 있었는데, 이젠 이렇게 혐오스러운 괴물이 되어, 영원히 숭엄하신 분을 끝없이 미워해야 하는 처지가 되었구나! 우리 사이에 얼마나 큰 차이가 있게 된 것인가! 그들은 지극히 숭고하고 완전한 인간 본성을 입고 있고, 저주받은 나는 지독히 부패하고 타락한 본성을 입고 있구나. 우리의 차이란 쾌활하고, 청년의 기백이 넘치고, 아름다워 모든 이에게 사랑받는 사람과, 썩어 문드러져 악취가 진동하는 시체의 차이보다 더 큰 것이다.

내가 고집을 피우며 끝까지 죄를 버리지 않다가 이런 차이가 생기게 된 것이다! 나를 멸망시킨 것은 다름아닌 죄이다. 죄가 나를 이 무서운 불의 응징을 받게 하여 죗값을 치르게 하는구나!"

수많은 기회를 다 놓치고, 지옥 불가마 속에 앉아 탄식하면서 예수 믿고 천국에 가 있을 친구들을 기억하며 뒤늦게 후회하는 사람들을 보면서 내가 전도했던 불신자 친구들이 떠올라 무척 괴로웠습니다. 저들이 죽기 전에 끔찍한 고통의 장소가 지옥이라는 사실을 알았더라면 예수를 믿고 천국 갔을 것이라고 생각하니 좀 더 적극적으로 지옥 고통을 알리지 못한 것이 후회스럽기도 해서, 이미 언급했던 지옥 고통에 대한 이야기를 다시 쓰게 되었습니다.

□ 지옥의 다양한 고통

지옥에서 악귀들에게 당하는 형벌이 만 가지도 넘는다는데, 지옥의 고통은 1초도 그치지 않고 지속된다는 것이 가장 참혹하지만, 희망의 문이 영원히 닫힌 절망의 공간에서 한숨을 쏟아내며 스스로 망하는 길을 선택한 어리석음을 두고두고 곱씹으며, 너무 늦었다며 한탄하는 영혼들의 처지가 가련하고 불쌍해서 견딜 수 없습니다. 이미 썩어 문드러진 해골 속 영혼들은 희망의 빛이 사라진 줄 알고, 자신의 전 존재를 갈기갈기 찢어서 절규하며 영원토록 비명을 질러대는 비운의 운명 앞에 할 말을 잊고 침묵할 수밖에 없으니, 나라도 저들을 대신하여 지옥 고통을 간략하게 정리하여 알리려고 합니다.

◆ 빛이 없는 지옥은 밑으로 내려갈수록 뜨거운 열기는 더 강하지만 캄캄함의 정도가 더 심하다.
◆ 희망 없는 절망의 장소라는 것을 알면서도 고통이 너무 심해 비명을 지르는 소리를 멈추지 않는다.
◆ 지옥 전역에 배여 있는 지독한 악취에 숨을 쉴 수가 없다.

◆ 지옥 고통은 가지수도 많지만 총체적이다. 어느 한 부분이 아프면 몸과 영혼 전체가 다같이 아프다.

1. 눈은, 너무나 어둡고 공포스러운 형상으로 다가오는 악귀들의 모습에 고통을 당한다.

2. 귀는, 멸망당한 자들이 쉴 새 없이 질러대는 비명과 절규로 고통을 당한다.

3. 혀는, 뜨거운 유황 용액에 끊임없이 데인다.

4. 전신은, 불못에 종일 뒹굴어야 한다.

5. 상상력은, 지금 당하는 고통을 생각하느라 고통을 당한다.

6. 정신은, 땅 위에서 귀중한 세월을 악한 생활에 허비했다는 생각 때문에 고통을 당한다.

7. 오성(悟性)은, 과거의 쾌락과 현재의 고통과 영원히 계속될 장래의 슬픔을 생각하면서 고통을 당한다.

8. 양심은, 쉴 새 없이 영혼을 갉아먹는 벌레 때문에 고통을 당한다.

◆ 고통의 정도가 너무 심하다.

1. 지옥 영혼들을 태우는 불은, 세상의 바닷물을 다 끌어와

도 끌 수 없을 만큼 뜨겁고 격렬하다.

2. 고통이 너무 극한적이어서, 느껴보지 않은 사람은 설명이 불가능하다.

◆ 고통의 정도가 끔찍하면서도 지속적이다.

1. 지옥 거주자들을 더욱 비참하게 만드는 것은 고통이 한시도 끊이지 않는다는 것이다.

2. 지속적이면서도 극심한 고통은 천사라도 견디기 어려운 고통이다.

3. 고통이 조금이라도 완화되는 순간이 있다면 적지 않은 위로가 되겠는데, 고통이 한순간도 중단되지 않고 영원히 지속된다는 것이 더욱 절망적인 요인이 되고 있다.

◆ 서로에게 가하는 고통

지옥도 함께 고통을 당하는 사람들이 모인 하나의 사회이다. 고통을 가하는 악귀들과 고통을 당하는 사람들이 모두 하나의 사회를 이룬다.

1. 상상을 초월하는 고통에 잔뜩 겁에 질린 사람들의 비명과 절규, 하나님에 대한 원망과 참람한 말이 대화의 전부이다.

2. 동료 영혼들이 똑같은 고통을 당한다는 것이 위안을 주지

못하고 오히려 고통을 가중시킨다.

◆ 고통의 다양한 장소

감방, 지하감옥, 무저갱, 유황이 타는 불못, 영원히 식지 않는 용광로, 영원히 칠흑 같은 어두움, 지옥 그 자체, 모든 고통의 축소판이 된 이런 것들이 비참함을 가중시킨다.

◆ 짐승만도 못한 고문자들

피도 눈물도 없는 냉혈의 고문자들은 마귀를 추종하는 악귀들인데, 이들은 아무런 가책도 없이 무자비하게 고통을 가하며 즐거움을 느낀다.

◆ 참혹한 탄식

영혼 깊은 곳에서 봇물처럼 터져나오는 비명과 절규는 핵폭탄보다 더 강렬하게, 어리석고 미련한 인간들에게 비탄의 폭우가 되어 쏟아진다.

◆ 나의 간절한 바람:

지금까지 천국 시리즈를 읽은 소감이 어떻습니까? 아직까지 예수를 믿지 않는 사람은 자신의 영원한 운명을 바꿀 수 있는 마지막 기회입니다. 제발 망설이지 말고 가까운 교회로 당장 달려가 예수님을 구주로 영접하십시오. 머뭇거리거나 지체할 시간이 없습니다. 오늘이라도 숨 떨어지면 곧장 지옥입니다. 어리석고 미련한 자가 되어 영원히 탄식하며 후회하는 일이 없게 하십시오. 죽음이 없는, 화려하고 아름다운 생명의 세계 천국에서, 여러분과 멋진 감격의 랑데부가 이루어지길 소원합니다!

24

시간의 강을 건너는 사람들

✎ 시간과 영원의 의미를 안다면 인간은 시간의 강을 건너, 영원으로 갈 수 있습니다. 시간이 무엇입니까? 고대 철학자 아우렐리우스 아우구스티누스(Aurelius Augustinus)는 시간에 대해 이렇게 말했습니다.

"아무도 물어보지 않았을 때, 나는 그것이 무엇인지 알았다. 그러나 누군가 그것을 물어보는 순간, 나는 말할 수 없었다."

아우구스티누스에 의하면 시간이 무엇인지 대충 이해하겠는데, 그것을 설명할 수 없다는 말로 들립니다. 내가 보기에 그는 시간과 영원의 질적 차이를 알고 있었던 것 같습니다.

인간은 점, 선의 1차원 세계, 도형의 2차원 세계, 입방체의 3차원 세계, 이 입방체 공간에 시간의 축이 더해진 4차원 세계에 살고 있습니다. 이처럼 사람은 시간과 공간이 만난 현재라는 시공세계 안에 사는 존재입니다. 달리 말해, 시간이 공간 안에 있을 때 현재가 되는데 시간이 흘러 사람이 죽어도 공간은 그대로 남습니다. 시간의 영역은 덧없는 세월입니다. 잠시 머물다가 사라지는 아침 안개와 같은 것이지요.

인간의 소유나 명예, 지위 같은 것이 인간이 소유하고 있는 공간입니다. 그러나 인간이 흙으로 돌아갈 때는, 이 모든 것을 버리고 떠나야 하기 때문에 인간은 잠시 머물다가 떠나는 나그네요 순례자라고 한 것입니다. 그래서 시간과 공간으로 이루어진 현재는 순간적이고 덧없는 것이라 할 수 있습니다.

시간과 영원을 말할 때 인간은 시간이고, 하나님은 영원이라 말할 수 있습니다. 에릭 사우어는 무시간적 영원(timeless eternity)이 있고, 유시간적 영원(time-full eternity)이 있다며 이렇게 말했습니다.

"하나님은 시간을 초월해 계시며, 절대적으로 자유로시다. 그러므로, 무시간적 영원은 오직 하나님에게만 속한 것이요, 유시간적 영원은 하나님께서 그의 피조물에게 허락하신 것이다."

영원에 무시간적 영원과 유시간적 영원이 있듯이, 시간에도 질적인 시간과 양적인 시간이 있습니다. 고대 희랍인들은 시간을 말할 때 카이로스(kairos)와 크로노스(chronos)란 단어를 사용했습니다. 크로노스는 연대기적이거나 순차적인 시간을 말하고, 카이로스는 행동하기에 적합하거나 적절한 시간을 말합니다. 다시 말해, 크로노스는 양적인 시간이고, 카이로스는 질적이며 영구한 시간을 말합니다. 영원이 시간을 초월한다는 말은 카이로스라는 질적인 시간이 크로노스라는 양적인 시간을 초월한다는 의미를 내포하고 있습니다.

시간은 공간을 소유하고 있는 생명체들을 밖으로 밀어내

는 속성이 있습니다. 바로 이런 점 때문에 인간은 죽을 수밖에 없는 운명에 처해 있습니다. 다시 말해, 인간은 시간을 초월할 수 없기 때문에 죽는 것입니다. 공간이 없는 시간의 세계로 갈 수 있다면 죽음을 피할 수 있지만 이 세상에는 공간이 없는 현재란 있을 수 없습니다. 공간을 초월할 수 있는 영역으로 갈 수 있는 생명의 세계가 있다면, 그곳이 바로 영원 세계입니다.

시간과 공간은 한계가 있지만 영원은 한계가 없어 생명의 무한성이 보장됩니다. 시간 속에는 죽음이 있고, 영원에는 죽음이 없습니다. 그래서 시간의 차원을 넘어 영원으로 가는 길을 찾는 것이, 영생을 얻는 비결입니다. 그러기 위해서는 영원이 시간 속으로 침투하여 시간에 속한 우리가 영원과 접촉할 수 있어야 합니다.

크레이그(William Lane Craig) 박사는 "시간과 공간은 대폭발로 시작된 하나님의 피조물"이라고 말했습니다. 어떤 사람은 태초에 하나님이 빛이 있으라 해서 빛이 생겼는데, 그 빛이 예수 그리스도라고 말했습니다. 태초의 빛은 우주 창조의 에너지원으로서, 그 크기가 10의 마이너스 33제곱 센티미터밖에 안 되는 너무나 작은 우주알로, 극미의 소립자에 불과했습니다. 그것이 시간이 되기 위해서는 대폭발이라는 과정을 거쳐야 했습니다.

과학에서는 이처럼 작은 원시 우주가 순식간에 인플레이션을 일으켜, 빅뱅이라는 대폭발로 팽창하는 바람에 오늘의 시공간인 우주가 생겼다고 말합니다.

성경은 태초에 하나님이 천지를 창조했다고 말하고 있으며(창 1:1), 태초에 말씀(로고스)이 있었다고 말합니다(요 1:1). 태초라는 것은, 시공간이 만들어지는 최초의 시점을 의미합니다. 성경에 의하면 태초에 천지를 창조하신 하나님이 계셨고, 말씀이라는 로고스(λόγος)가 있었으며, 그 로고스가 하나님과 함께 있었는데, 바로 그 로고스(Logos)가 하나님이었다며, 만물이 그로 말미암아 만들어졌다고 말합니다(요 1:3). 그리고 그 로고스가 육신이 되어, 우리 가운데 거하셨다는 것이 성경의 증언입니다(요 1:14).

태초에 하나님이 천지를 창조하셨다고 말하는 성경(창 1:1)은 그 과정을 이렇게 서술하고 있습니다.

1. 태초에 로고스가 계셨다.

2. 그 로고스가 태초에 하나님과 함께 계셨다.

3. 그 로고스가 바로 하나님이셨다.

4. 그 로고스로 말미암아 만물이 만들어졌다.

5. 로고스가 육신을 입은 사람이 되어 우리 가운데 사셨다.

6. 태초부터 하나님과 함께 계셨던 그 로고스가 우주를 창조하셨고, 로고스가 사람이 되어 이 땅에 와서 인간들과 함께 사신 이가 바로 예수그리스도시다.

주는 영원부터 계셨습니다(시 93:2). 예수님은 죽을 수 없는 영원한 존재로 우주가 만들어지기 전부터 계신 로고스였습니다. 그가 육신을 입고 세상에 오신 것은 영원이 시간을 침투해 온 사건이었습니다. 죽을 수 없는 불멸의 존재가 사람의 모습으로 와서 죽었기 때문에 기독교의 진리가 복음, 곧 기쁜 소식이 된 것입니다. 만일 그가 와서 우리 죄의 대가를 지불해 주지 않았다면 우리는 영원히 죄 가운데서 죽을 수밖에 없었을 것입니다. 전능하신 하나님이 사람의 육신을 입고 와서 우리의 죄뿐만 아니라 우리의 질병과 연약함, 가난과 저주를 모두 짊어지시고 십자가에서 죽었기 때문에 우리는 그를 믿고 영생을 얻어 가난, 질병, 저주가 없는 천국에서 영원히 살 수 있게 된 것입니다.

그런데 우리 죄를 짊어지신 그가 죽어서 살아나지 못했다면 그가 우리 죄의 문제를 완전히 해결했다고 말하기가 어려웠을 것입니다. 자신의 죽음도 해결하지 못하신 분이 어찌 우리에게 영생을 보장할 수 있겠습니까? 그가 부활하셨기 때문에 예수 믿는 자가 영원히 살 수 있게 된 것입니다.

"예수님은 우리 죄 때문에 죽임을 당하시고, 우리가 의롭다는 인정을 받게 하시려고 다시 살아나셨습니다"(현대인의 성경, 롬 4:25).

예수님이 부활하신 후 하늘로 올라가셨다고 해서 우리가 영원을 접할 수 없는 것이 아닙니다. 그가 우리를 완전히 떠나신 것이 아니라 다른 형태로 우리 가운데 와 계십니다. 성령이란 이름으로 우리 가운데 와 계시기 때문에 우리는 지금 영원이신 그를 통해 시간의 강을 건너고 있습니다.

성경에서 모범이나 사례, 또는 샘플을 헬라어로 휴포그라모스(hupogrammos)라 하는데(벧전 2:21), 영원이 시간 속에 와서 자신이 영원한 존재임을 보여준 휴포그라모스는 인류 역사에서 예수님이 유일합니다. 그래서 시간의 한계상황에 있는 우리가 그를 통해서 영원을 접할 수 있게 된 것입니다.

로고스였던 그가 우주의 에너지원으로 폭발했을 때 시공간이 만들어졌고, 지금은 성령으로 우리 속에서 폭발하여, 우리 심령에 생수의 강이 흐르고 있습니다. 이리하여 우리는 시간 속에서 영원이신 예수님을 만나, 인간의 한계와 시간을 초월하여 영생할 수 있게 되었습니다. 예수님이 우리 심령 속에서 생수의 강이 되셨기 때문에 우리 속에는 무시간적 영원이 흐르고 있는 것입니다.

영원 불멸의 존재이신 예수 그리스도를 믿기만 하면 인간이 시간의 강을 건너 영생할 수 있는 길이 열렸는데도 많은 사람들이 눈이 멀어 천국의 주인이신 구원자 예수님을 알아보지 못하고, 허무의 무덤 속에 갇혀 허우적거리다가 지옥으로 떨어지는 것이 안타깝습니다.

인생은 짧고, 시간은 영원하다는 말이 있지만 시간도 한계가 있습니다. 시간 안에서 죽어야 하는 인간이 한정된 시간의 유한성을 극복해 보겠다고 만년시계를 만드는 사람도 있습니다. 숨 떨어지면 영원을 어디서 보내야 할지 걱정스러운 사람들이 만년시계를 만든다고 시간의 한계를 극복할 수 있는 것이 아닙니다. 시간 속에는 죽음이 있을 뿐, 영원한 생명은 존재하지 않습니다.

아무쪼록 지구촌의 모든 사람이 예수님을 자신의 구주로 영접하고, 구원받기를 비는 마음 간절합니다.

지금까지 제가 쓴 글 속에는 예수 그리스도가 불멸의 영으로 존재하시는 전지전능하신 하나님, 지존무상하신 절대자라는 사실이 곳곳에 나타나 있습니다. 이 글을 읽는 모든 사람은 영원하신 구원자 예수님을 만나, 시간의 강을 건너서 영생의 세계로 들어가는 복된 자가 되기를 간절히 소망합니다.

◆ 고별의 시간:

다소 아쉬움은 남지만 이제 작별을 고할 때가 되었네요. 천국이란 하나님의 임재 영역에서, 긴 시간 동안 하늘나라 탐방을 함께해 주신 성도 여러분들과 천국 여정의 길동무가 되어 정도 많이 들었는데, 이제 헤어지게 되어 조금 섭섭한 마음도 없지 않습니다. 그리고 비은혜의 환경에서 살다가 본서를 읽고, 예수 믿어 구원받은 사람들도 있을 것입니다. 자칫 지옥의 벼랑으로 떨어질 뻔한 절체절명의 위기에서, 극적으로 구원받은 감격 때문에 눈물 흘리며 주님께 감사하는 여러분들에게 주님이 여러분의 눈에서 눈물을 닦아주실 날도 멀지 않았습니다.

◆ 재회의 감격:

하나님의 영원하신 섭리와 구원 계획 안에서, 인터넷이나 책을 통해 만나게 된 성도 여러분들과 함께한 시간이 잊지 못할 영원한 추억거리가 되길 바랍니다. 지상의 삶을 마치고, 시간의 영역을 벗어나 우리들의 영원한 본향인 하늘나라에서 다시 만났을 때에는 죽음도, 눈물도 없는 영화롭고 아름다운 천국의 황홀한 신비에 심취하여, 영원을 함께 보내는 멋진 우리들의 라이프 스토리, 영생 이야기(our eternal life story)를 다 같이 써보는 것이 어떨까요?

새로운 세계를 향해 떠났다 할지라도 천성에 이를 때까지는 험난한 신앙 여정이 아직 남아 있습니다. 부디 거룩한 목표를 잃지 말고 주님만 바라보고 달려가, 끝까지 믿음을 지킨 신앙의 승리자로, 영생의 세계에서 재회할 것을 기약하며 이것으로 천국 시리즈를 모두 마무리합니다.

나는 내일을 장담할 수 없는 사람이라, 내가 살아서 여러분을 이 땅에서 다시 뵙게 될지는 모르겠네요. 여러분 모두를 사랑하고 축복합니다. 감사합니다! 이제 천국 가이드 직분은 여러분의 수호천사에게 맡기겠습니다. 하늘나라에서 만나요.

Bye!!! 안~녕!!!!!!!!!!!!!!!!!!!!

에필로그

(EPILOGUE)

✎ 이제 천국 시리즈 본문은 다 끝났습니다. 순간 순간 주님의 인도를 받으면서 여기까지 왔지만 무슨 글을 어떻게 썼는지도 기억에 남는 것이 없습니다. 지금도 건강 상태가 좋지 않아 힘든 시간을 보내고 있습니다. 하나님이 연단을 위해 허락하신 이 시련의 시간이 끝나면 세상이 놀라게 될 기적이 일어날 것을 믿으면서도 지속되는 질병의 고통에 인내의 한계를 느낍니다.

사실 에필로그까지 쓰리라고는 예상하지 못했습니다. 한 달 전쯤 고향 선배를 잠시 만났는데 피골이 상접한 늙고 지친 백발 노인을 보고 깜짝 놀랐습니다. 나의 첫마디는 "이제 떠날 때가 된 것 같은데 예수 믿고 천국 갑시다!"였지요. 여러 가지 질병으로 숨을 헐떡거리며 제대로 걷지도 못하는 나보다는 건강하게 보였던 분이 갑작스럽게 변한 모습에 큰 충격을 받았습니다. 10여 일 전에 통화했을 때도 목소리는 예전과 별로 다르지 않았지만 살 날이 얼마 남지 않았다는 예감이 들었습니다. 선배는 집안 일이나 자신에 대해서는 별로 얘기를 하지 않는 성격이라 그가 암에 걸렸으나 항암치료도 받지 않았다는 사실은 모르고 있었습니다. 다급히 응급실에 실려가서 입원했을 때는 온몸에 암이 전이되어 목숨이 경각에 달린 상태였습니다.

어떻게 해서든 숨을 거두기 전에 구원의 주님을 믿게 하려고 그와의 마지막 접촉을 시도했지만 코로나로 인해 직계 가족까지 면회가 제한되어 있었고, 이미 말문을 닫은 상태라 내가 할 수 있는 일이 아무것도 없었습니다. 하지만 지옥의 끔찍함을 그 누구보다 잘 아는 나이기에 선배를 저승으로 그냥 보낼 수는 없었습니다. 그래서 그가 영원을 지옥에서 보내는 일은 없게 해달라고 몸부림치며 하나님께 부르짖었지만 선배는 먼저 가서 미안하다는 말 한마디 없이 3일 전 무심하게 훌쩍 떠나버리고 말았습니다.

모두가 가는 길이기에 특별히 슬퍼해야 할 이유도 없었습니다. 내가 먼저 떠날 수도 있는 상황에서 그가 조금 앞서 갔다는 것이 다를 뿐입니다. 삶의 방식과 인생 철학에 차이는 있을 수 있지만 사람이 육체적 죽음으로 끝나지 않고, 사후세계에서 생존을 이어간다는 점은 모두가 동일하다고 믿고 있었던 내게는 그를 쉽게 포기하기가 힘들었습니다.

그가 혼수상태로 있던 이틀 동안에 무슨 일이 일어날 수도 있다는 실낱 같은 희망이 내게는 있었습니다. 그래서 천국에서 만나기를 소원하는 마음으로 그를 위해 열심히 기도했습니다. 그의 최후 결단에 달린 문제라 지금으로서는 선배의 영원한 운명에 대해서 확실히 말할 수 없습니다. 다만 그의 영혼이 몸을 완전히 떠나기까지는 시공간을 초월하여 내 말을 알아들을 수 있기 때문에 일말의 희망을 가지고 예수님을 찾으라고 했던 것입니다. 사람이 죽으면 대개 3일장을 하는데 이것은 일반적으로 영혼이 몸을 떠나는 데 걸리는 시간입니다. 어쨌든 나는 선배가 하나님이 예정하신 곳으로 갔을 것이라 믿습니다.

우리 주변에서는 하루에도 수많은 사람들이 죽음이라는 한계상황을 맞이합니다. 옛날보다 기대 수명이 조금 길어지긴 했지만 이승을 떠나는 시간에 다소의 차이가 있을 뿐 우리는 사망의 영역에 잠시 머물다가 아침 안개처럼 사라지고 맙니다. 오늘 살아 있다고 해도 내일을 장담할 수 있는 사람이 얼마나 될지 모르겠네요. 우리는 덧없는 세월을 짧게 살다가 허무하게 떠날 수밖에 없는 존재들입니다. 그래서 나는 희망의 미래를 꿈꾸면서도 매일매일 하루를 산다는 심정으로 살아가고 있습니다.

우리 책을 읽는 독자층은 다양합니다. 천국이나 지옥을 믿는 사람도 있고 부정하는 사람도 있습니다. 이것은 종교적 배경이나 삶의 방식이 전부 다르기 때문입니다. 그동안 천국 탐방에 나와 함께했던 모든 사람들이 한 사람도 빠지지 않고 천국에서 모두 만나기를 소원하지만 내가 바라던 곳이 아닌 다른 곳에서 영원을 보내게 될 사람들도 있을 것으로 보입니다.

내가 죽을 고비를 여러 번 넘기면서도 힘겹게 글을 쓰고 있을 때 독자 여러분들이 물심양면으로 도와주시고 격려해 주신 덕분에 천국 시리즈를 무사히 완성할 수 있었습니다. 그래서 여러 가지 방법으로 저에게 도움을 주신 모든 분들에게 이 지면을 통해 진심 어린 감사를 드리고 싶습니다.

천국과 지옥에 관한 책들을 발행한 여러 출판사들과 그 직원들의 수고를 기억하며 그들의 모든 노고에 진심으로 감사합니다.

사후세계에 대한 정보를 제공한 모든 천국, 지옥 방문자들에게 감사합니다.

천국 탐방을 함께하며 여러 가지 조언도 해주시고, 잘못된 부분을 지적해 주신 독자들에게도 감사합니다.

자기와 생각이 다르다며 비난하고 공격하는 사람들도 있을 법한데 너그럽게 참아주신 분들에게 고마움을 느끼며, 죽음이라는 동일한 아젠다를 가졌다는 점에서 동정과 연민의 정을 보여주신 것으로 여겨 감사를 드립니다.

책을 읽다가 탈자, 오자를 지적해 주신 독자들과 잠시, 또는 상당히 오랫동안 교정을 봐주신 분들에게 감사합니다.

출판하는 데 쓰라고 여러 차례 출판비용을 지원해 주신 분들에게 감사합니다.

자비를 들여 전도용으로 수백 권씩 책을 사서 보급하신 분들에게 감사합니다.

연약한 나를 위해 염려하고 여러 모로 도와주신 성도들과 혼자서는 아무것도 할 수 없는 나를 밤낮 보살피느라 고생한 가족들에게 감사합니다.

마지막으로 천국 시리즈를 출판하도록 허락하신 〈생각나눔〉 출판사 대표님과 수고하신 여러 직원들, 그리고 특별히 편집에 관여하신 모든 분들에게 감사를 드립니다.

이 외에도 감사를 드려야 할 사람들이 많겠지만 무엇보다도 별로 아는 것도 없는 무식한 나를 통해 천국 시리즈를 쓰게 하신 나의 영원하신 하늘의 아버지께 감사하며, 지존무상하신 초월자요, 우주의 창조자 예수 그리스도의 위대하심과 그 능력의 신비를 세상에 알릴 수 있게 된 것을 큰 영광으로 생각합니다. 이 모든 것에 대하여 나의 구원자요, 다정한 친구요, 영원한 스승이요, 나의 정신적 멘토이신 예수님께 무한한 찬양을 드립니다.

◆ 감사하며 사는 소망의 메시지

코로나 팬데믹으로 경제도 어렵고, 여러 가지 여건과 상황이 좋지 않아 힘든 것은 사실이지만 그래도 예수를 믿고 천국에 갈 희망이 있고, 아직은 자신의 영원한 운명을 바꿀 기회가 남아 있으니 감사하며 살아야 할 것 같습니다. 그래서 감사에 대하여 간단한 소망의 메시지를 준비했습니다:

감사와 찬양과 믿음으로 출발하는 아침은 새로운 창조이다.
감사는 신앙의 승리와 기적을 체험하는 절대적인 요소이다.
범사에 감사하는 것은 그리스도 예수 안에서 우리를 향하신 하나님의 뜻이요 명령이다.
절망적인 여건과 어려운 환경에도 감사하고 하나님을 찬양하면 기쁨이 늘어나고, 소망이 커지며, 고통은 사라지고, 환경이 바뀐다.

하나님을 믿는 자들에게는 모든 것이 합력하여 선을 이룬다.

고난을 기쁨으로 수용하고 역경을 하나님의 은혜와 능력을 나타내는 기회로 삼아라.

미래에 대한 비전과 소망적인 생각으로 모든 일을 기쁨으로 받아들이자.

근거 없는 비난을 받고 힘들 때 고난당하신 주님을 생각하고 슬픔을 참고 견디면 축복의 문이 활짝 열리는 날이 있을 것이다.

우리가 초조한 마음으로 불안해하고, 슬퍼하고, 두려워하고, 자책하며 후회하고, 절망과 낙심 가운데서 원망하고 불평하는 시간에는 하나님이 우리를 향해 계획하신 일을 수행하실 수가 없다는 사실을 명심하자.

사람은 살다가 잘못하고 실수할 때도 있지만 하나님은 잘못을 뉘우치고 회개하는 자를 용서하시는 분임을 믿고, 우리의 질병과 저주와 온갖 고통의 슬픔을 대신하여 채찍에 맞고 고난당하신 예수님께 우리의 모든 죄와 허물을 전가(轉嫁)시키고, 인생사의 모든 문제를 주님께 맡기면 날마다 기적을 체험한다는 사실을 입으로 시인하고 감사하자.

뜻하지 않은 불행이나 고난이 닥쳐도 낙심하지 말고, 거기에 하나님의 계획이 있음을 믿고 감사하자.

감사와 찬양은 하나님을 감동시키는 최고의 기도이며, 성령으로 교통하는 지름길이요, 하나님의 능력을 체험할 수 있는 가장 쉬운 길이다.

신앙적 차원이 깊고 성숙한 사람일수록 작은 일에도 감사하고, 작은 일에 감사하는 사람은 계속 감사할 일이 생겨 매일 감사하는 기쁨으로 황홀한 삶이 지속된다.

마귀를 대적하는 최대의 무기는 어떤 상황에서도 감사하고 하나님을 찬양하는 일이다.

우리의 삶을 고달프게 하는 가난, 질병, 고통, 슬픔, 저주의 영들은 감사하는 사람을 당하지 못한다.

우리의 상황과 외부 환경이 어떠하든 우리와 함께하여 항상 지키고 보호하겠다는 하나님의 신실하신 약속과 말씀을 믿고 감사하자.

기쁨으로 감사하며 하나님을 찬양하는 것은 신앙의 극치이며 그리스도인의 완전함이다.

죽음의 자리, 고통의 현장, 병고의 아픔, 슬픔의 눈물이 떨어지는 바로 그 자리에서 감사하자.

우리가 감사할 때마다 마귀는 비명을 지르며 감사하는 자를 두려워한다는 사실을 아는 것은 영적 전쟁에서 승리하는 최고의 비결이다.

의인들의 고난은 거룩한 역사를 이루는 하나님의 온전하신 계획의 일부이다.

어려운 일이 닥쳐도 흔들리지 않는 굳건한 믿음으로 불행한 사건 자체를 감사할 때 하나님의 초자연적인 능력을 체험할 뿐만 아니라 진정으로 승리하는 우리 시대 최고의 영웅이 될 것이다.

◆ 지속적인 감사생활의 유익

감사와 찬송생활은 옥문을 열고, 두려움과 불안이 사라지게 하고, 불치의 병을 고치고, 불행한 운명을 바꾸고, 대적을 물리치고, 가난과 슬픔의 저주를 몰아내고, 죽은 자를 살리고, 어려운 환경을 변화시키고, 실패만 거듭하던 자를 성공하는 위대한 인물로 바꾸고, 비굴하고 소심한 자를 두려움을 모르는 담대한 사람으로 만들고, 불안과 공포에 시달리는 사람을 악령의 사슬에서 풀어 자유케 하고, 인생의 광야에서 눈물 골짜기를 지나는 사람들에게 하늘의 기쁨과 환희의 감격을 맛보게 하고, 사망의 영을 꾸짖어 생명이 노래하게 하고, 인생사의 태산 같은 문제들을 해결하여 불가능한 일들이 사라지게 하고, 온갖 은혜와 기적을 체험하며 심령 깊은 곳에 평화가 넘쳐나게 하고, 죄와 어두움이 지배하는 세상을 생명 차원의 새로운 세계로 바꾸는 신비롭고도 혁명적인 초월적 능력이다.

한마디로 말해서 감사와 찬양은 인간의 한계를 극복하도록 하늘이 준 축복의 선물이며 가장 높은 단계의 영적 능력이다.

◆ 내가 깨달은 하늘의 축복을 여러분에게 선물로 드리고 싶었습니다. 인간의 언어로 표현하기조차 불가능한 영화롭고 신비한 천국 본향, 명예의 전당에서 얼굴을 맞대고 서로 만날 때까지 주 안에서 여러분의 평안을 빌며 이 땅에서의 작별을 고합니다.

사랑의 빚을 많이 진
미천한 주님의 종 드림

부록(符籙)

어느 공학박사의 질문에 대한 답변

질문 1: 죽음이란 무엇인가?

답변: 죽음은 존재의 소멸이 아닌 영혼과 육체의 분리입니다. 사람은 태어날 때부터 두 가지 몸을 가지고 태어납니다. 하나는 흙으로 만들어진 육체이고, 하나는 하나님의 호흡으로 만들어진 영혼이라는 영체입니다. 사람의 육체가 죽을 때 영체는 몸에서 빠져나와 천국과 지옥 둘 중 어느 한 곳에서 영원을 보내게 됩니다.

질문 2: 지금까지 죽은 수백억 명의 사람들은 어디에 있는가?

답변: 예수를 믿고 거듭나 하나님의 자녀가 된 사람들은

하늘 아버지의 집인 천국에서 영생을 누리고 있고, 예수를 믿지 않았거나 믿어도 진심으로 회심하여 거듭나지 않은 사람들은 깜깜한 지옥 불 가운데서 고통받고 있습니다.

질문 3: 인간의 사후는 무엇일까?

답변: 사후(死後)는 죽은 후를 말하며, 사람의 육체는 흙으로 만들어졌으니 죽어서 흙으로 돌아가고, 인간의 본질인 영혼은 하나님의 호흡으로 만들어졌으므로 죽을 수 없는 존재입니다. 신자든 불신자든 영혼이라는 영체는 하나님의 형상으로 지음을 받았기 때문에 불멸하는 하나님을 닮아 사후에도 생존을 계속하는데 그들이 거하는 사후세계가 바로 천국과 지옥입니다.

질문 4: 인간의 역사가 대략 5백만 년이니, 지금까지 죽은 사람은 대략 수백억 명이겠지?

답변: 인간의 시조인 아담과 이브가 에덴 동산에 만들어진 시기를 인간의 역사로 볼 때 우주 나이 138억 년에 비해 인간 역사가 그리 오래되지 않은 것 같습니다.

    고고학자들이 발굴한 화석 중에 500만 년 전의 것도 있
다는 말을 들은 적이 있으나 지구상에 인간이 출현한 확실한
시기를 단정지을 수는 없을 것 같습니다. 여러 빙하기를 거쳐
이 땅에 살다가 죽어 사후세계에 존재하는 인간이 수백억이
될 것이라는 데는 저도 동의합니다.

질문 5: 그들은 모두 어디에 있으며 이 세상을 내려다보고 있을까?

    답변: 앞서 언급했지만 이 땅에서 살았던 모든 사람들이
사후세계에서 천국과 지옥으로 나뉘어 지금도 생존하고 있
습니다. 그러나 존재의 상태가 다릅니다. 천국에 있는 자들은
화려하고 아름다운 낙원의 영광을 누리며 즐겁게 살지만, 지
옥에 있는 자들은 어둡고 깜깜한 지옥 불 가운데서 고통받고
있습니다. 천국 백성들은 이 땅의 소식을 천국 뉴스나 갓 입
성한 성도들을 통해 알고 있지만, 지옥 거주자들은 지옥 방문
자들이 간혹 전해주는 소식 외에는 알지 못하고 있습니다. 천
국이나 지옥 거주자들은 이리저리 왕래하는 천사들과 임사체
험자들을 통해 이 땅의 소식을 듣는다고 해도 이 땅을 내려
다보는 것은 허용되지 않습니다.

질문 6: 인간으로 태어나서 살다가 모두 형체도 없이 사라졌겠지?

답변: 무신론자 버트런드 러셀은 우연한 법칙에 의해 우연히 생존하게 된 인간은 뇌수의 기억이 존재하는 동안만 사는 찰나적인 존재여서 우연한 원자의 결합에 불과하므로 죽어 썩으면 아무것도 남지 않는다고 했습니다. 그러면서도 그는 죽음을 맞이했을 때 심각한 번민에 빠져 지옥에 떨어질 것 같은 불안을 느꼈습니다. 철저히 신을 부정한 무신론자의 신념이 죽음 앞에서 힘 없이 무너지고 만 것입니다.

인간의 형체는 사라지지 않습니다. 죽음 후에도 또 다른 몸을 가지고 영원히 생존합니다. 살아 있는 육체가 형체가 없다고 우기는 사람은 없겠지요. 영혼이 몸을 가졌다면 형체가 있어야 합니다. 지금은 과학이 많이 발달되어 영혼이 하나의 몸이라는 것이 밝혀졌습니다. 러시아 과학자들이 이 분야를 연구하여 영혼이 하나의 몸이라는 것을 밝히면서 '생체 플라스마 신체'(biological plasma body)라는 이름을 붙였습니다. 영체는 모양과 사이즈가 육체와 똑같기 때문에 복체(double)라고 부르기도 합니다.

질문 7: 몸은 물질이니 썩어 없어졌고, 영혼은 있다면 어디에 있을까?

답변: 몸의 분자 구조는 흙, 곧 먼지(dust)이므로 물질이 맞습니다. 그러나 물질이 썩어 없어진 것이 아닙니다. 물질은 갑자기 생기거나 없어지지 않고 그 형태만 변하여 존재한다는 것이 질량보존법칙입니다. 아인슈타인의 특수상대성이론에 의하면 질량이 에너지로 변환될 수 있습니다. 그래서 모든 물질은 에너지의 변형된 형태로 존재합니다. 사람이 죽었다고 해서 썩어 없어진 것이 아닙니다. 에너지보존법칙에 의해 그 원소는 어딘가 남아 있습니다. 영혼이 천국이나 지옥에서도 몸으로 존재하지만 예수님이 재림하실 때 원소의 결합이 아닌 완전 새로운 몸으로 부활하여 하나님의 심판을 받는데 천국에 있는 영혼은 상을 받고, 지옥에 있는 영혼은 영원한 형벌을 받습니다. 부활시 원소의 작용에 대한 것은 알려진 바가 없습니다. 너무 신비스러워 인간 지성의 범위를 넘어서는 영역이기 때문입니다.

질문 8: 영계가 있다고 하나 과연 있을까?

답변: 이 세상이나 죽은 자들의 세계는 모두 하나로 연결된 영

계입니다. 영들이 사는 세계가 따로 있는 것이 아니라 영들이 활동하는 영역은 그 어디나 영계라 할 수 있습니다. 인간은 일반적으로 영혼과 육체로 분류되지만 좀 더 세밀히 분류하면 영과 혼과 몸으로 구성되어 있습니다. 육체이탈이나 유체이탈은 영혼이 몸을 떠나서 이곳저곳을 다니다가 다시 육체로 돌아오는 것을 말하는데, 사람이 몸을 떠나 유체여행을 하거나 천국이나 지옥을 구경하고 돌아온 사람들은 모두 영계 체험을 했다고 말합니다.

질문 9: 죽으면 이 세상에 하나의 먼지로나마 남아 있을까?

답변: 앞서 언급했지만 인간의 몸은 말할 것도 없고 세상의 모든 물질은 에너지의 변형된 형태이므로 사람이 죽어도 몸의 구성요소인 원소는 에너지보존법칙에 따라 사라지지 않습니다. 그래서 사람이 죽어도 하나의 먼지로 남아 있을 수 있습니다. 그러나 사람은 생물학적 존재 이상의 신비를 가진 영적 동물임을 기억할 필요가 있을 것 같네요.

질문 10: 인간이 다른 생명체와 무엇이 다를까?

답변: 인간이 다른 생명체와 다른 것은 하나님의 형상인

영(spirit)을 가졌다는 점입니다. 동물은 육적 생명인 혼만 있고 영적 생명인 영이 없어 죽음으로 끝나고 맙니다. 그래서 성경에는 "생물들의 혼과 인생들의 영"이라는 말이 있습니다 (개역, 욥 12:10). 사람은 다른 동물에는 없는 사고하고 생각하는 자유의지를 가졌고, 인격의 가치와 존엄성을 지닌 영적인 존재로서 하나님과 교제하도록 만들어졌습니다.

질문 11: 나이가 드니 인생에 많은 의문이 생긴다.

답변: 젊었을 때는 먹고 살기에 바빠 인생 문제를 생각할 겨를이 없었겠지요. 이제 나이 드니 '인생이란 무엇인가?' 하고 자신의 정체성과 존재의 뿌리를 찾고 싶었진 게 아니겠어요? 좋은 현상입니다. 하나님은 인간을 만들 때 하나님으로만 채울 수 있는 빈 공간(God-shaped blank)을 인간의 영혼 속에 심어 두었습니다. 사람이 아무리 세상의 부귀영화를 누려도 행복하지 않는 이유가 바로 여기에 있습니다. 부자들이 많이 가지고 누릴수록 더 허무함을 느낀다고 합니다. 세상의 부, 권력, 인기, 명예 그런 것으로는 심령의 공허를 채울 수 없습니다. 그럴수록 공허의 깊이만 더할 뿐입니다. 영혼의 빈 자

리는 하나님으로만 채워야 행복합니다.

질문 12: 죽으면 모든 게 끝나고, 그냥 형체도 없이 하나의 먼지로 되겠지.

답변: 사람은 죽음으로 끝나는 인생이 아닙니다. 한 번 죽는 것은 하늘이 정한 이치지만 죽은 후에는 심판이 있습니다.

죽었다고 형체가 없어지는 것이 아니라 지금보다 더 확실한 형체와 기억력과 또렷한 의식을 가지고 비디오 영상처럼 펼쳐지는 자신의 일생을 다시 보면서 심판을 받게 될 것입니다.

질문 13: 부질 없고 허무하다.

답변: 인생을 어떻게 살아도 상관없는 일이라면 바르게 살아보려고 몸부림친 것이 허망하고 무익하다 하겠지요. 그러나 잘못 산 인생에 대해서 혹독한 대가를 치뤄야 한다는 사실을 아셔야 합니다. 생명의 주인이신 예수님을 믿지 않는 것이 가장 큰 죄입니다. 우주의 창조자요 하나님이신 예수 그리스도가 당신을 죄에서 구원하기 위해 그 끔찍한 채찍을 맞으면서 당신 대신 살을 찢고 피를 흘려 십자가에서 죽어 당신의

죗값을 지불하셨습니다. 이것은 전적으로 하나님의 사랑 때문이었습니다. 그런데도 예수님을 믿지 않았다면 당신은 예수님을 십자가에 못 박아 죽인 죄인이 되어 지옥에서 형벌을 받아야 합니다. 이것이 천국, 지옥을 유지하기 위한 하나님의 공의입니다. 인간의 선행은 구원의 조건이 되지 못합니다. 자신의 죽음으로 당신의 죗값을 지불하신 예수 그리스도를 구주로 믿을 때에만 구원을 받아 천국에서 영생을 누릴 수 있습니다.

질문 14: 여생을 모두 내려놓고 가볍게 잘 살다가 죽을 때는 아무것도 없이 가볍고 편안하게 가자.

답변: 여생을 모두 내려놓고 가볍게 잘 살겠다는 것은 인생사의 모든 무거운 짐을 다 내려놓고 가벼운 마음으로 살겠다는 뜻으로 들립니다. 한평생 살아오면서 우리는 너무나 많은 짐을 지고 살았습니다. 그런데 이런 짐을 다 내려놓고 떠날 때도 아무것도 없이 가볍고 편하게 떠나기를 바라시는군요.

아무쪼록 소원대로 되었으면 좋겠네요.

"예수님은 수고하고 무거운 짐 진 자들아 다 내게로 오라.

내가 너희를 편히 쉬게 하리라"고 말씀하시면서 우리를 편히 쉴 수 있는 안식의 땅으로 초대하셨습니다. 편히 쉬게 하겠다는 것은 노예처럼 살아온 삶에 자유를 주어 기쁘고, 즐겁고, 환희와 감격에 찬 황홀한 삶을 살 수 있게 하겠다는 뜻입니다.

지금 당신은 마음에 부담이 없습니까? 마음이 편하고 가볍습니까? 평생을 수고하셨는데 아직도 지고 있는 부담이나 짐이 있으면 안 되겠지요. 그러나 만에 하나 심령의 공허와 인생 자체에 대한 허무를 느끼며 혹시 사후세계에 대한 불안이나 두려움이 있다면 살펴보시기 바랍니다. 그런 것이 전혀 없다면 당신은 우리 시대 최고의 의인입니다.

그러나 조용히 가슴에 손을 얹고 지금 당신이 죽으면 천국에 갈 수 있는지 당신의 양심에 물어보십시오. 만일 'NO'라는 답이 나온다면 당신이 내려놓아야 할 짐은 바로 당신이 예수님을 인격적으로 만나지 못한 죄입니다. 아직은 당신의 영원한 운명을 바꿀 수 있는 기회가 있습니다. 미래의 운명에 대한 확신이 없다면 당신에게는 회개가 정답입니다. 지옥에서는 코를 들 수 없는 지독한 악취와 밑으로 내려갈수록 깜깜한 암흑 천지의 공포, 일초도 끊이지 않는 악귀들의 고문, 뜨겁게 타오르는 용광로의 불길, 영원히 꺼지지 않는 불못, 동료들이 죽겠다고 밤낮으로 질러대는 비명과 절규, 죽지도 않는 각종 벌레와 구더기, 징그러운 뱀들의 괴롭힘, 만 가지도 넘는 형벌의 고통을 영원히 견뎌야 합니다.

스스로 망하는 길을 선택한 어리석음을 곱씹으며 때늦은 후회를 하지는 않겠지요. 이런 끔찍한 지옥에서 영원을 보낼 수는 없을 테니까요.

많이 배우지도 못한 사람이 학식 높은 공학박사님께 두서없이 글을 썼지만 제대로 답변이 되었는지 모르겠네요. 우리 독자가 박사님의 질문을 내게 보내면서 답을 쓸 수가 없다기에 내가 나름대로 글을 써서 보내주었는데 이 답변의 초고를 썼을 때는 질문자가 공학박사라는 사실을 몰랐습니다.

박사님의 질문은 생과 사의 갈림길에 있는 세상 모든 사람들이 알고 싶은 공통된 아젠다라 여겨져 본서 부록으로 싣게 되었습니다. 제가 '당신'이란 말을 쓴 것은 이 글을 읽는 모든 독자들에게도 적용되는 포용적 용어임을 이해해 주셨으면 감사하겠습니다. 혹시 무례한 부분이 있었다면 너그러운 용서를 바랍니다.

부디 예수 믿고 구원받은 하나님의 자녀로
천국에서 만나기를 소망합니다.

무익한 종 이요한